TÁ NA SUA MÃO

TÁ NA SUA MÃO

FERNANDO SARIAN

Reinvente sua carreira, ganhe mais e seja feliz

TÁ NA SUA MÃO
Copyright © 2022 by Fernando Sarian

1ª Edição – Novembro de 2022

Grafia atualizada segundo o Acordo Ortográfico da Língua Portuguesa de 1990, que entrou em vigor no Brasil em 2009

Editor
Marcos Torrigo

Consultora Editorial
Fernanda Emediato

Projeto gráfico, capa e diagramação
Alan Maia

Preparação de Texto
Josias A. de Andrade

CIP-BRASIL. CATALOGAÇÃO-NA-FONTE
SINDICATO NACIONAL DOS EDITORES DE LIVROS.

S245t   Sarian, Fernando.
            Tá na mão: reinvente sua carreira, ganhe mais e seja feliz / Fernando Sarian. - São Paulo : Jardim dos livros, 2022.
            120 p. : 15,6cm x 23cm.
            Inclui índice.

            ISBN: 978-65-88438-30-5 (Livro Impresso)
            ISBN: 978-65-88438-31-2 (Livro Digital)

            1. Autoajuda. 2. Relato pessoal. 3. Educação profissional. 4. Carreira. I. Título.

2022-3450
Cdd: 158.1
Cdu: 159.947

Elaborado por Odilio Hilario Moreira Junior - CRB-8/9949

Índices para catálogo sistemático
1. Autoajuda 158.1
2. Autoajuda 159.947

DISTRIBUIÇÃO
Geração Editorial
Rua João Pereira, 81 – Lapa
São Paulo - SP - 05074-070
Telefone: +55 11 3256-4444
geracaoeditorial@geracaoeditorial.com.br
www.geracaoeditorial.com.br

Impresso no Brasil
Printed in Brazil

Quero dedicar este livro aos meus pais, Pedro Altounian e Elisa Sarian Altounian, que me ensinaram os maiores valores da vida e nunca pouparam esforços para que o amor à família e a dedicação aos estudos fossem os pilares principais para seguir em frente em busca dos meus objetivos.

Aos meus avós Kersan e Melkin Altounian, Avedis e Maria Sarian, que, apesar dos grandes sofrimentos suportados no início do século XX na Armênia, migraram para o Brasil e, diante de um país abençoado, souberam perseverar e seguir em frente com coragem e determinação, construindo uma família forte e abençoada por Deus.

E, por fim, mas não menos importante, à minha esposa, Christiane, e aos meus filhos, Gustavo e Guilherme, que sempre estiveram comigo, me mostrando a importância da união e do afeto, mesmo diante dos caminhos tortuosos da vida.

PREFÁCIO

"Sucesso ou fracasso?", "vitória ou derrota?", "gratidão ou reclamação?" são questionamentos que sempre afligiram a todos. A dúvida essencial é saber qual o caminho a seguir para que essas perguntas tenham respostas positivas.

Gandhi dizia que, "nas grandes batalhas da vida, o primeiro passo para a vitória é o desejo de vencer". E complementava: "a alegria está na luta, na tentativa, no sofrimento envolvido, e não na vitória propriamente dita".

De fato, a maioria das pessoas deseja alcançar o sucesso, uma vida épica, mas não encontra energia ou disposição suficientes para trilhar o caminho e superar os obstáculos que se apresentam durante a jornada. Assim, preocupam-se mais em encontrar desculpas para a vida mediana que levam, buscando culpar outras pessoas por suas derrotas, o que em aprender com seus erros e sair mais forte a cada revés.

Mas o que é o sucesso? No dicionário, a explicação é bem simples: "ter êxito em alguma coisa" ou "resultado positivo em alguma área". E são muitas as áreas, de acordo com o *mindset* de cada um, por exemplo: financeira, profissional, familiar, religiosa, de saúde etc. Sem dúvida alguma, o segredo de uma vida feliz está em encontrar um ponto de equilíbrio entre todas elas.

Ser o protagonista de sua vida representa o primeiro passo para encontrar vitórias em sua jornada, por um motivo muito simples: TÁ NA SUA MÃO!

Este livro mostra diversos problemas que aparecem na estrada da vida e apresenta, de modo objetivo e simples, sugestões e casos vividos pelo autor para que você, leitor, possa ter *insights* a fim de ajustar o seu caminho ao encontro do sucesso.

O autor relata a trajetória de altos e baixos de sua vida profissional, destaca A GRATIFICANTE ARTE DE RECOMEÇAR e indica o que fez para superar as crises em sua vida pessoal.

Vai além, ao demonstrar o quanto é importante alinhar os projetos às novas tecnologias dos tempos modernos e indica os quatro passos para a prática da perícia judicial.

Por tudo isso, é importante lembrar, independentemente da situação em que você se encontra hoje, SEU SUCESSO SÓ DEPENDE DE VOCÊ!

Que este livro seja uma inspiração para que você encontre o seu propósito de vida!

Claudio Sarian Altounian

SUMÁRIO

Introdução...11

CAPÍTULO 1
Presente de grego no Natal...15

CAPÍTULO 2
Pare de reclamar e arregace as mangas...21

CAPÍTULO 3
A gratificante arte de recomeçar...31

CAPÍTULO 4
De plano B para plano A...39

CAPÍTULO 5
Plataforma de cursos *online*,
uma grande ideia...45

CAPÍTULO 6
Como encontrei o meu propósito...59

CAPÍTULO 7
Quatro passos para a prática
da perícia judicial...71

CAPÍTULO 8
Os "4 Ps" do perito judicial:
a fundamental metodologia para
otimizar as nomeações...81

CAPÍTULO 9
Capriche na atuação pericial...93

CAPÍTULO 10
Seu sucesso só depende de você...105

INTRODUÇÃO

Olá!

Talvez eu ainda não o conheça pessoalmente, mas sei que, se nos encontramos aqui, é porque você não está mais disposto a se contentar com sua situação atual. E chegou a hora de ter em mente que daqui em diante você se tornará o protagonista da sua vida, moldando seu futuro e conquistando seu sucesso pessoal na perícia judicial.

Assim, se você é um profissional de nível técnico ou superior em qualquer área de atuação, está na hora de se debruçar sobre essa leitura e perceber que existe um caminho viável para se tornar o seu próprio empreendedor, dependendo estritamente do seu potencial e do conhecimento que começará a adquirir neste livro.

Uma das frases mais emblemáticas que conheço foi proferida por Benjamin Franklin: "Investir em conhecimento rende sempre os melhores juros".

A grande verdade é que sempre gostei de livros, principalmente os de autores motivacionais, como Tony Robbins, Jeff Walker, T. Harv Eker, entre outros, mas o grande problema dessas leituras é que, após o término, por mais motivados que fiquemos, em menos de uma semana percebemos que não temos um foco objetivo para seguir, e toda aquela vontade acaba virando frustração.

Para evitar esse caminho sinuoso, decidi que estava na hora de contar minha trajetória e detalhar um plano de ação seguro para que você possa seguir sem se desviar de sua rota e consiga chegar ao destino com êxito, tomando como exemplo real meus mais de 7 mil alunos.

A essa altura do campeonato você deve estar se questionando quem é Fernando Sarian e como ele pode fazer uma afirmação como essa. Então deixe-me explicar rapidamente. Em 2014, no auge da minha carreira profissional como engenheiro civil aqui no Rio de Janeiro, fui demitido e, com quase 50 anos de idade, casado e com dois filhos pequenos, precisei me reinventar rapidamente. Um plano B que havia iniciado em 2002 de forma incipiente tornou-se o meu projeto de futuro.

Nada é por acaso, e com muito esforço e determinação construí uma carreira de sucesso na perícia judicial, contando atualmente com milhares de nomeações em vários Tribunais de Justiça do país.

Talvez você nunca tenha se deparado com esse tema, mas tenha certeza de que ele está muito mais próximo do que você pensa. E se você possui uma graduação técnica ou superior, tenha em mente que já percorreu mais de 80% do caminho, basta agora atentar-se aos detalhes desta leitura, pois o futuro TÁ NA SUA MÃO.

E como cheguei até aqui?

TÁ NA SUA MÃO

É exatamente isso que quero mostrar a você e, para adoçar um pouco esta leitura, já destaco algumas virtudes dessa carreira: a primeira delas é que ela é duradoura, pois, não importa a sua idade, você poderá começar agora e atuar até quando desejar; na sequência, você poderá atuar em horários flexíveis, e, como será mostrado neste livro, existe uma grande demanda de trabalho.

Gostou?

Então está na hora de se dedicar, porque, depois que você acordar para essa nova realidade, sua vida nunca mais será a mesma.

Boa leitura!

CAPÍTULO 1

Presente de grego no Natal

"Mudanças acontecem rápido, esteja preparado para elas."

PAULO VIEIRA

As férias estavam confirmadas para o fim do ano, e tínhamos escolhido um *resort* na Bahia para celebrar a união da família, em 2014. Tremenda animação para todos nós, durante os preparativos, quando, no fim de novembro, acertamos os detalhes. Seríamos mais de 30 pessoas, entre pais, mães, avós, irmãos, primos e netos. Uma reunião rara, porque residíamos em estados diferentes: São Paulo, Rio de Janeiro, Mato Grosso do Sul e Goiás, mais precisamente no Distrito Federal. Tudo indicava que o período escolhido, a semana anterior ao Natal, seria muito divertido.

Eu vivia um momento gratificante em todos os sentidos, sobretudo profissionalmente. Morava na Cidade Maravilhosa, atuava como executivo de uma grande construtora, para a qual trabalhava havia uma década, desde que retornei ao Brasil depois de dois anos dedicados a uma carreira internacional. Todas as fases da carreira tinham sido marcantes, com a superação de desafios, tanto fora como dentro do Brasil. Era gratificante considerar o saldo positivo angariado.

Foi com essa sensação agradável que fui convocado para uma reunião da empresa, em São Paulo, sem indicação da pauta. Revivi a emoção de rever a cidade, na perspectiva de quem a sobrevoa entre prédios para alcançar a pista do aeroporto de Congonhas. Escolhi uma opção na ponte aérea que me deu tempo de sobra para atender ao compromisso. Com direito a rever lugares, no trajeto que desenhei para me aproximar tranquilamente do endereço final. Às duas da tarde, em ponto, cheguei para o encontro e fui encaminhado ao diretor que me chamara, com a segurança de quem conhece muito bem a cultura empresarial.

Não se tratava, como eu havia imaginado, de um momento coletivo, com a alta direção e outros colegas. Seria uma conversa reservada, apenas com meu chefe. Estava cheio de expectativa, na esperança até de uma promoção ou, quem sabe, um bônus bastante merecido. Afinal, minhas contribuições sempre foram efusivamente reconhecidas. Estava convencido de que levaria boas-novas para a ansiada reunião de família, na Bahia.

Estranhei, no entanto, ser conduzido a uma salinha exígua, em vez do amplo gabinete habitual. A expressão do meu chefe também me surpreendeu. Nenhum sinal de alegria, nem sequer um sorriso contido. Em vez dos habituais cumprimentos, ele se limitou a me indicar a cadeira diante da mesa. A pausa que se seguiu pareceu durar horas, não segundos, tamanha era a expectativa e a surpresa diante do ambiente escolhido. Não foi bem uma conversa, como eu havia pensado, mas um aviso direto e acachapante:

— Está demitido, imediatamente!

TÁ NA SUA MÃO

Dizer que perdi o chão naquele momento não descreve o choque. Estava prestes a completar 50 anos de idade. Não tinha a menor dúvida de que o mercado de trabalho se estreita bastante para quem entra nessa faixa etária, por mais credenciado e experiente que seja. E só o que me veio à mente foi a citação de Nassim Taleb, na obra *A Lógica do Cisne Negro*: "estamos constantemente à mercê do inesperado".

E aqui começa minha história de superação.

CAPÍTULO 2

Pare de reclamar e arregace as mangas

"Os homens alcançam sucesso
quando eles percebem que seus fracassos
são uma preparação para suas vitórias."

RALPH WALDO EMERSON

Deixei a sede da empresa atordoado. Não era mais o executivo confiante que ingressou na recepção uma hora antes. Pela primeira vez na vida, virei um profissional desempregado. Honestamente, eu nem sequer imaginava como enfrentar essa realidade. Nem sei como cheguei ao elevador para retornar ao térreo. Lembro que respirei fundo ao alcançar a área externa do prédio, próximo à marginal do Rio Pinheiros. A primeira coisa que me veio à mente foi telefonar para minha esposa, dedicada companheira de vida. Não foi nada fácil contar o que acabava de acontecer, mas nosso relacionamento sempre teve a honestidade como base bem sólida. Por pior que me sentisse, cumpri a tarefa árdua. Acredito que não se deve postergar notícias difíceis, doa a quem doer.

Tive muito tempo para refletir na volta para casa, entre o regresso ao aeroporto, a espera por um lugar na ponte aérea e o voo, com a expectativa de observar lá embaixo a Restinga da Marambaia, prenúncio dos procedimentos de aproximação ao Santos Dumont, com sua pista à beira-mar. Revivi minha história profissional, desde que me formei em engenharia civil, em 1989.

Na primeira década, em seguida, dei vazão a meus rompantes de pequeno empreendedor em diversos segmentos. *"Cuidado, pois empreender não é tão simples assim"*, dizia meu finado pai, com a sabedoria que a idade foi assentando nele. Tomado pelo entusiasmo da juventude e inúmeras ideias na cabeça, corri atrás de meus sonhos.

Aos 23 anos de idade, era sócio de uma empresa de construção dedicada a obras de pequeno porte para prefeituras do estado de São Paulo, como Guarulhos, Suzano, Atibaia e Barueri. Enfrentar os desafios do dia a dia, com muita responsabilidade e pouca prática, era o de menos frente aos percalços na hora de receber os valores combinados. Os pagamentos demoravam tanto que, para honrar os compromissos com os fornecedores, tínhamos que solicitar empréstimos bancários, um caminho praticamente inevitável e sem volta, devido aos altos juros envolvidos. Ficamos aprisionados em dívidas cada vez mais altas, embora a empresa crescesse ao longo dos anos. Em 2002, empregávamos quase 200 pessoas.

Lembro que aquele foi um ano especialmente difícil, marcado pela recessão mundial, depois do atentado às torres gêmeas do World Trade Center, em Nova Iorque. Os Estados Unidos enfrentaram um contínuo desaquecimento econômico, já percebido no fim de 2000, e seu desempenho negativo influenciava a economia de outros países, em diversos setores, inclusive do Brasil.

É claro que minha empreiteira de porte médio sofreu as consequências do movimento geral, com o agravante dos empréstimos. A situação chegou ao ponto de termos que pedir falência, o que nos pegou de surpresa. Era assim que muitos fornecedores tentavam receber seus direitos, recorrendo à Justiça, depois de protestar títulos vencidos. Naquela época, já cursava a faculdade de Direito, que concluí em 2003. Nem sei como encontrava tempo para me dividir em tantas atividades, mas a vida era assim.

O conhecimento teórico não era suficiente para encontrar soluções em um impasse de tamanha monta, mas, sem esmorecer nem me desgastar em lamúrias, arregacei as mangas e tratei de ver como deveria resolver a pendência no Fórum João Mendes. Lembro até agora da sensação atemorizante de entrar naquele saguão suntuoso do prédio lotado de gente e sem claras indicações de para onde eu deveria me dirigir.

A duras penas soube que teria que seguir para o 12º andar, onde fica o cartório da 36ª Vara Cível, para saber detalhes do processo de falência. Em suma: teria que pagar a dívida discriminada na petição e entregar o comprovante para ser verificado e despachado pelo juiz. Cumpri todo o trâmite, seguindo as indicações da serventuária Cecília, que me atendeu. Era uma pessoa muito atenta e cuidadosa. Perguntou sobre minha formação profissional e se eu estaria interessado em fazer perícias judiciais, algo que era totalmente desconhecido para mim. Naquele momento poderia optar por responder sim ou não, e foi ali que constatei a existência do toque de Deus, pois, sem saber, aquela foi a decisão que mais tarde mudaria completamente minha vida.

Naquela fase, porém, eu ainda teria que encontrar uma resposta para o meu futuro. Já sabia, pelo risco de falência, que empreender havia sido prematuro, melhor seria enveredar pela carreira de executivo; enquanto resolvia as questões residuais anteriores, vendi a empreiteira.

Em seguida, resolvi recorrer a uma empresa de *head hunter*, tradicional referência na oferta de vagas em empresas, unindo empregadores e candidatos. Fui muito bem na entrevista, mas ao seu término veio o baque: para me habilitar, teria que dispender R$ 2.400,00 da inscrição, só que financeiramente eu estava zerado e com dívidas. Não respondi de imediato, avisando que refletiria a respeito.

Pois bem, na sequência vivi as minhas únicas duas horas de "depressão" na vida. Ainda era solteiro e morava com meus pais. Entrei em casa em silêncio e me recolhi, totalmente entregue às dúvidas sobre o futuro. Deitado, rodava na cama sem conciliar o sono nem parar de pensar no próximo passo. Ficar parado à espera de um milagre não seria uma opção.

"Vou encarar", pensei. Voltei lá e paguei a inscrição com quatro cheques, três dos quais pré-datados. Só o primeiro tinha fundo, uma pequena reserva que eu mantive para emergências.

Além dessa, havia outras despesas, referentes ao envio de cartas de apresentação para empresas indicadas pela responsável por classificados de emprego. Entre muitas possibilidades, escolhi 300, a princípio; mas, ao fazer as contas de quanto teria que pagar ao correio, reduzi o universo para 75. Fiz, então, a minha parte. Dali uma semana colhi os frutos da ousadia: recebi três propostas de emprego. Uma delas era de uma construtora de médio porte. Marquei a entrevista e, por coincidência, o executivo que me recebeu tinha sobre a mesa de trabalho boletos do Colégio Bandeirantes, que eu tinha cursado. Bastou comentar esse fato que houve imediata conexão entre nós.

TÁ NA SUA MÃO

Graças ao meu currículo, fui aprovado, mas a palavra final seria do presidente da empresa, que ficava em Curitiba, no Paraná. Deixei bem claro que não poderia arcar com as despesas, mas felizmente as passagens de avião, de ida e volta, bem como a estada no hotel e despesas referentes aos trâmites ficaram a cargo da empregadora. Melhor ainda, nem viajei de carteira vazia, porque minha irmã me ofereceu um empréstimo de R$ 1 mil, que aceitei no ato. Com certeza, contar com a família em um momento difícil foi um alívio para mim. Confiante, parti para o meu destino.

A entrevista não foi nada fácil, porque eu não podia responder positivamente a perguntas específicas como construção de barragens ou hidroelétricas, por exemplo. Afinal, as maiores obras que eu havia executado eram pequenas escolas públicas, de forma que eu saía pela tangente. Ao cabo da entrevista, depois de muito suor, fui aprovado.

Assim, iniciei a carreira de executivo CLT[1], como assessor comercial, pela primeira vez. Passados dois anos, mais um grande desafio: a empresa entrou em concordata, e uma grande parte dos funcionários foi desligada, inclusive eu. Novamente na luta, mas agora com mais experiência, fui chamado para assumir um cargo de gerente comercial em outra construtora. Bons tempos. Foram muitas conquistas, apesar do salário baixo, até que meu antigo diretor me convidou para um processo seletivo numa grande construtora, que, na época, era uma das "top 3" do mercado. Durante quase nove meses passei por várias avaliações, até que, na última etapa, fui chamado para uma conversa com

---

[1] CLT – Consolidação das Leis do Trabalho.

o diretor regimental. Após cinco minutos de bate-papo fomos interrompidos por sua secretária, com um recado urgente. Meu entrevistador deveria se dirigir ao hospital para ser medicado. Paciente crônico de hepatite C, a cada mês tinha que tomar uma injeção, dependendo da agenda do médico. Por incrível que pareça, aquele era o dia e a hora! Assim, como não podia postergar o compromisso, me pediu para reagendar a reunião.

Em vez disso, pensando em mais alguns meses de espera, me ofereci para levá-lo ao hospital em meu próprio carro para continuar o diálogo no caminho. E lhe disse: "Se gostar de mim, tudo bem; se não gostar, tudo bem também".

E ele respondeu: "Só pela ousadia da sua resposta, está contratado!"

Aceitei o cargo de gerente, nível abaixo de minha qualificação na época, mas o único vago naquele momento. A vantagem? O dobro do salário e mais R$ 1 mil, que pedi no fechamento da nossa conversa.

Importante lembrar que, dez anos antes, quando ainda era dono da empreiteira, eu tinha visto um anúncio dessa empresa de construção no jornal e pensei: "se fosse executivo, é lá que eu gostaria de estar". Acertadamente, Chris Gardner, investidor norte-americano e palestrante, costuma dizer: *"Nunca deixe ninguém lhe dizer que não pode fazer alguma coisa. Se você tem um sonho, corra atrás dele"*.

Fiz uma bela trajetória, sempre ascendente, mas não livre de tremendos desafios, que enfrentei sem titubear.

Minha vida pessoal também seguia tranquila. Em 2005, me casei, e já no ano seguinte a empresa me indicou para atuar como CEO em Angola, na África. Recusei educadamente, alegando que se aceitasse teria de me separar, porque minha esposa não aceitaria abandonar sua vida profissional no Brasil como advogada de uma grande corporação. Como era um período de rápida expansão internacional da construtora, mal tive tempo de me ajustar à primeira situação e, seis meses depois, fui convocado para atuar como CEO no Equador. "Ao menos é no mesmo continente", pensei, certo de que a conversa em casa não seria nada fácil. Chegamos, eu e minha mulher, a um consenso de idas e vindas, cada um de nós permanecendo em países diferentes, no início. Foram dois anos de muito aprendizado, e também da compreensão de que o protagonismo deve ser uma das principais virtudes de um líder.

Em 2009, algumas sucursais da empresa foram fechadas e voltei para o Brasil para reabrir o escritório da construtora no Rio de Janeiro, onde atuei por mais cinco anos, até receber aquele presente de grego.

Ao menos podia contar com o que recebi na rescisão, mas um período sabático não poderia demorar; e, para minha surpresa, o meu pé-de-meia foi acrescido de um valor bastante alto, graças a uma atividade que eu mantinha em paralelo desde a conversa com a serventuária do Fórum João Mendes.

E foi aí que percebi que podia potencializar aqueles ganhos, voltando a empreender, agora em uma área promissora e que eu já conhecia muito bem.

CAPÍTULO 3

A gratificante arte de recomeçar

"Estarei contigo, como estive com Moisés; não te deixarei nem te abandonarei... Isto é uma ordem: sê firme e corajoso. Não te atemorizes, não tenhas medo, porque o Senhor está contigo..."

JOSUÉ 1:1-9

Quem, na vida, já não se viu diante de uma surpresa negativa no campo profissional? É algo que acontece a todos nós, não raro mais de uma vez. Derrapar e até mesmo cair são verbos que fazem parte da experiência adquirida. Vivenciá--los é praticamente lei, de tão certeiros que são. O que difere as pessoas de sucesso das que permanecem na obscura média, a mediocridade, ou mesmo na capitulação, é a forma como reagem às intempéries. Afinal, quem está na chuva é para se molhar, um ditado antigo que vale tanto para quem prefere viver empregado como para quem arrisca empreender.

Antes de tudo, depois de absorver o impacto, mesmo que você precise de um pouco de tempo para se conscientizar a respeito do novo estágio de vida, abrevie o mais que puder esse interregno. No meu caso, foram poucas horas depois da demissão inesperada.

É uma fase que a gente talvez possa comparar ao luto diante de uma perda. Faz parte do processo de encarar a realidade tal como se apresenta, mas não de entregar-se à vitimização.

Se esse primeiro momento é de quietude e reflexão, o segundo deve ser de ação. É preciso movimentar-se, descartando qualquer disposição deletéria de ficar à mercê da inatividade. Encerrar-se em um cômodo da casa, entregue ao sofrimento, não vai contribuir para nada em sua vida.

Movimentar-se é um convite à reinvenção, mesmo que a princípio não pareça. Sair à luz faz toda a diferença. É um ato de prontidão para a cura. Só depende de você. Livre-se do risco de sentir-se impotente, incapaz de comandar sua própria virada. Qualquer convicção negativa deve ser banida da mente, porque não vai contribuir para a busca de novos caminhos.

Não por acaso, uma das recomendações de especialistas no uso abundante de todas as propriedades de nosso cérebro é mudar rotinas, a começar pelos caminhos que costumamos fazer. A busca de roteiros distintos abre as perspectivas. Se você duvida, tente hoje mesmo um novo itinerário em sua rotina. É bem provável que vá descobrir novos e instigantes cenários, desde que se abra realmente ao novo e não queira voltar atrás.

É claro que a mudança de roteiro poderia ser apenas uma metáfora; porém, experimente para saber do que se trata. Quem sabe possa encontrar pessoas com quem nunca cruzou antes, descobrir um novo e instigante jardim, ou mesmo livrar-se do trânsito habitual. Tudo vale a pena quando a decisão é seguir adiante, na certeza de que você está no comando de sua existência.

Use instrumentos benéficos para sedimentar o processo a seguir, e lembre-se de que ninguém pode fazer isso por você. Saiba que tomar o destino nas próprias mãos é lei para quem almeja vencer e nunca se entregar ao desânimo gerador de pessimismo.

Comece por manifestar gratidão por tudo o que tem vivido, inclusive pelos acontecimentos difíceis e, por isso mesmo, capazes de ampliar nossa visão de oportunidades. Acredite, elas estão à sua volta, basta concentrar sua atenção no que beneficia a virada. Focalize a mente na solução do que parecia, antes, um impasse definitivo. Você merece — e pode! — encontrar saídas, passando para o próximo e promissor nível.

Eu me baseio em quatro pilares para viver na plenitude: *família, espiritualidade, saúde e vida profissional*. São elementos indissociáveis, por serem interdependentes. De que adianta, por exemplo, ter um alto padrão de consumo se a família vai mal, sempre relegada ao segundo plano? A harmonia entre os integrantes desse quarteto é fundamental para garantir a caminhada rumo ao sucesso. Caso um deles não esteja bem, aja para que se equilibre, sempre admitindo que a ação depende de você. Não adianta esperar que alguém lhe entregue soluções de mão beijada. Vá à luta, como costumo fazer, e jamais me arrependi. Dê o máximo de si, na certeza de que a cada momento esse máximo se amplia por força de sua própria dedicação. Mantenha a mente na certeza de que você merece o que há de melhor na vida.

A espiritualidade é um fator de crescimento, seja qual for a sua religião. Há muitos ensinamentos a beber dessa fonte generosa, a começar por passagens bíblicas. Quer um exemplo? Eis o que diz Jeremias 29:11:

"Porque sou eu que conheço os planos que tenho para vocês, diz o Senhor, planos de fazê-los prosperar e não de causar dano, planos de dar a vocês esperança e um futuro."

Tanto a esperança quanto o futuro está nas mãos de cada um de nós, tal como a certeza de que somos "imparáveis", ou seja, seres em contínuo movimento de evolução. Para melhor, claro!

Há inúmeros exemplos de pessoas que foram em frente e, apesar dos obstáculos, tiveram sucesso. É o caso, por exemplo, dos inventores, como os que sonharam com a possibilidade de o homem voar de verdade; e aí estão não apenas os aviões, mas os foguetes e as estações espaciais para demonstrar o quanto estavam certos. Enfrentaram o descrédito ao redor para provar sua tese, da mesma forma que os criadores de vacinas, incapazes de desistir de seus objetivos e que, no passado, livraram a humanidade de males tão graves.

Todo ser humano que acreditou em seu sonho e fez tudo para realizá-lo colheu frutos da própria obstinação. O século 20 é um celeiro de exemplos para mostrar o quanto vale a ação positiva. Foi o tempo em que a indústria automotiva se superou, criando veículos que hoje nos transportam com conforto e segurança, seja individual ou coletivamente, até com o uso de novas e limpas formas de energia, como a elétrica. E o que dizer da tecnologia que em poucas décadas passou do rádio e do telefone à comunicação por imagens na mão de milhões de pessoas? Tudo isso partiu do sonho de alguém que não esmoreceu ao falhar.

É famosa a reflexão de Santos Dumont: *"Eu me detinha horas a contemplar o belo céu brasileiro e admirar a facilidade com que as aves, com suas longas asas abertas, atingiam grandes alturas. Assim meditando sobre a exploração do grande oceano celeste, por minha vez eu criava aeronaves e inventava máquinas. Tais devaneios eu guardava comigo".*

TÁ NA SUA MÃO

Sim, ele guardava consigo, mas tratou de realizá-los, com sucesso. Ele mesmo afirmava: *"As invenções são, sobretudo, o resultado de um trabalho teimoso"*.

E por "teimoso" ele certamente se referia à tenacidade, ao trabalho imparável, com uma simplicidade impressionante: *"O que fiz foi muito simples, transferir as pessoas de um ponto para o outro e não retornar ao ponto de partida"*.

Eis uma bela chave para o progresso contínuo: não retornar ao ponto de partida, algo que ficou no passado. Cada vez que retomamos a caminhada, notamos que ela é diferente, assim como nós também nos percebemos mais experientes, com renovada bagagem, sem transferir nossa responsabilidade para os outros ou para a conjuntura. Cada um de nós é responsável pelo que acontece agora em nossas vidas, ou seja, tudo decorre das decisões que tomamos. Ninguém é vítima do trabalho, da profissão, da relação pessoal em que se encontra. Reclamar, algo que tantas pessoas fazem, é clamar duas vezes, ou seja, permanecer na chamada zona de conforto, mas que é, na verdade, bem desconfortável.

Outro segredo das pessoas de sucesso é jamais procrastinar. O verbo é esquisito, mas forte. Significa adiar, deixar para depois, prorrogar. "Procrastinar traz alívio imediato e fracasso a longo prazo", alerta Josevan Oliveira.

Portanto, recomece hoje, agora mesmo. Reinventar-se é um dos processos mais instigantes e valiosos da vida. Experimente e colha os frutos.

CAPÍTULO 4

De plano B para plano A

"Todo problema tem solução. Se não há solução, não se trata de um problema. Escolha outro caminho."

VINÍCIUS SOARES

Por que me lembrei da Cecília, serventuária do Fórum João Mendes, lá no passado?

Porque ela me falou da atividade de perito judicial e incentivou-me a me aventurar nesse universo desconhecido. A vida é assim, quando menos esperamos aparecem as oportunidades, e, como eu estava em busca de uma, aceitei imediatamente o chamado. Foi um grande acerto na vida, e daria muito mais frutos ao longo do tempo. Muito mais do que eu poderia imaginar!

Minha orientadora me passou o telefone de um síndico de falência, o dr. Manuel, para quem liguei logo no dia seguinte. Nós nos encontramos em seguida, e nossa conexão foi imediata. Ele me explicou como funcionam os processos e disse que, se eu quisesse atuar como perito judicial, seria nomeado para realizar avaliações de imóveis de processos ligados à falência de empresas.

Afinal, que atividade é essa, tão desconhecida como profícua? As pessoas confundem muito perícia judicial com criminal. Esta última implica prestar concurso público e trabalhar como servidor para a polícia civil ou federal. Já a perícia judicial requer que o candidato se cadastre nos tribunais e seja nomeado por um juiz, quando um processo necessitar de uma prova técnica, algo que cabe ao perito judicial, que deve ter formação específica na área correspondente ao tema em que vai atuar, como engenharia, contabilidade, medicina, economia, assistência social, grafotécnica, entre outras.

Fica mais claro, com um exemplo bem prático. Digamos que o autor do processo afirme que existe um vazamento de água no seu apartamento por culpa de seu vizinho do andar de cima, que vira réu. O magistrado que vai julgar a ação não tem ideia de quem é a culpa e nomeia justamente um perito judicial para elaborar o laudo. O indicado, então, tem que ir aos apartamentos, tanto do réu como do acusador, para avaliar tecnicamente quem é o responsável. Depois de fazer a vistoria, ele elabora um laudo e o entrega ao juiz, que assim passa a ter base para tomar uma decisão. O laudo pericial é, na minha visão, a prova mais importante em um processo judicial.

Como engenheiro civil, foi o que comecei a fazer, aceitando a sugestão da serventuária. Já sabia, de antemão, que os frutos monetários do trabalho tardariam a chegar, pois dependiam da conclusão dos processos. A nova atividade coube em minha agenda, mesmo quando voltei a atuar como executivo. Iniciei essa jornada em 2002, como um plano B, de atuação esporádica. Volta e meia recebia incumbência de algum juiz. Jamais contava com os pagamentos no curto prazo, mas as promessas de honorários eram instigantes, oscilando de R$ 5 mil a R$ 20 mil.

Determinados pagamentos foram providenciais, inclusive. Quando me casei, em 2005, tanto eu como minha noiva havíamos feito uma poupança ao longo de uns dois anos para oferecer uma modesta recepção aos convidados, nada além de um coquetel na área social anexa à igreja onde seria a cerimônia. Uns seis meses antes, recebi R$ 30 mil de um processo finalizado. Assim, melhorei bastante as perspectivas da festa, realizada no Clube Pinheiros, uma referência em São Paulo.

A partir daí fui conhecendo mais a área e comecei a estudar sobre como preparar um laudo com excelência e realizar uma vistoria eficaz.

O fato é que fui me apaixonando pela profissão de perito, pois cada processo é quase uma novela, com várias histórias de diversos tipos de pessoas, e aí passei a sentir que estava realmente auxiliando a Justiça em casos importantes.

Em geral, tratava-se de algo simples de executar e que gerava uma ótima renda; assim, nesse período, a perícia virou meu plano B.

O ano de 2015 culminou com o recebimento de uma incrível bolada: R$ 212 mil, referentes a um laudo complexo feito dez anos antes. Eu estava passando um ano sabático depois da demissão inesperada, e aquele montante aqueceu minhas intenções empreendedoras, mas ainda um tanto receosas. Naquela época eu ainda pensava na estabilidade de um emprego formal, e durante os três anos seguintes procurei me posicionar novamente como executivo, sem deixar a perícia de lado, inclusive com alguns trabalhos na área de construção, mas agora como "contratado", e não mais CLT. Esses trabalhos efetivamente não foram para a frente.

Até que em 2018 surgiu o chamado urgente de um juiz, que encontrei nos corredores do Tribunal, e me disse que estava com um grande problema.

Ele me pediu para comparecer ao seu cartório no dia seguinte, pois o antigo perito que havia nomeado para vários processos na área de consumo de energia o deixara na mão, e havia mais de um ano não lhe dava notícias dessas perícias; assim, teve que destituí-lo e me chamou para sanar esse problemão. Só nesse dia foram mais de 20 nomeações.

Lembro que na época elaborava laudos de consumo, um ou dois por mês. Naquele momento, para mim, seria um grande desafio realizar 20 em menos de 30 dias.

Como a máxima do perito é "nunca recuse o pedido expresso de um juiz", fui em frente e consegui auxiliá-lo nas demandas, e mais: descobri a grande oportunidade de otimizar o número de nomeações e realmente alavancar a carreira de perito judicial.

Naquele exato momento o meu plano B virou plano A, pois me acendeu uma luz e comecei a criar uma metodologia para aumentar minhas chances de nomeações na área pericial e também potencializar a área de assistente técnico, que vou tratar em detalhes mais adiante.

Daí para a frente, com o auxílio de outros profissionais, principalmente da Rubia, que me apoia na organização dos laudos, comecei a atuar 100% com a perícia judicial, principalmente em demandas voltadas à área de consumo e avaliações imobiliárias, colhendo frutos e provando para mim mesmo que esse caminho era viável, e o melhor, para o resto da vida.

CAPÍTULO 5

Plataforma de cursos online, uma grande ideia

"A realização dos nossos sonhos só é possível quando somos protagonistas da nossa própria história."

FERNANDO SARIAN

Sempre acreditei em cisnes negros, mas é preciso ir muito além da crença, com ações eficazes e sem receio de encarar novos desafios. Então, foi importante manter a prática da perícia judicial, desde 2002, enquanto seguia paralelamente a carreira de executivo. Aprendi muito sobre e para mim mesmo, sem ainda ter bem claro que poderia oferecer o conhecimento acumulado a outras pessoas. Posso dizer que minha trajetória no segmento teve dois grandes períodos. O primeiro, reservado, foi de aprender o novo ofício com muita atenção aos detalhes, de maneira a progredir continuamente. Organizei os aprendizados, porque essa é uma inclinação natural para mim. Evita que a memória se dilua e ajuda a pensar a melhor forma de transmitir o que aprendo.

A partir do presente de grego, em 2014, mergulhei na atividade mesmo durante o ano sabático que se seguiu. A intuição indicava que aquele poderia ser meu caminho, mas ainda resisti por três anos, mesmo sabendo que nessa área não teria que retornar à luta, tantas vezes inglória, de conquistar um novo posto no mercado de trabalho. É importante reconhecer quando um ciclo deve ser encerrado, não por desistência, mas pela clareza de que se esgotou e que devemos seguir novos caminhos. Demanda, portanto, reflexão cuidadosa e livre de amarras, na certeza de que permanecer na chamada zona de conforto pode ser uma armadilha perigosa, inclusive de estagnação. Arriscar-se não é fácil, tenho de admitir sem rodeios. As dúvidas surgem. Da mesma forma que o medo, que muitas vezes elimina a ousadia das pessoas, quando tal passo seria fundamental para a expansão dos horizontes, o que me leva a um autor da Grécia Antiga para uma analogia importante.

No século 3 a.C. viveu o filósofo Platão, discípulo de Sócrates. Sócrates, antes de se concentrar no que o tornaria eterno, foi soldado na Guerra do Peloponeso. Viveu situações díspares, podemos imaginar, dos campos de batalha à dedicação ao diálogo aberto e franco. Desde sua juventude, refletia sobre uma inscrição que leu no templo do deus Apolo: "conhece-te a ti mesmo". O convite calou tanto nele que o levou a se concentrar no autoconhecimento, ao contrário de filósofos anteriores. Sem que a conclusão fosse pessimista, afirmava convicto: "só sei que nada sei", como base de sua posição questionadora e contínua busca pelo saber. Viveu instigando as pessoas à reflexão. Oferecia livremente seus conhecimentos sempre oralmente, pois, segundo reza a lenda, não sabia escrever. Sócrates era um homem da tradição oral, que dialogava com os cidadãos nas ruas de Atenas, a cidade onde vivia.

TÁ NA SUA MÃO

Coube a Platão, um homem estudado, compilar e relatar os ensinamentos de Sócrates em obras que resistem ao tempo. Uma delas é "O Mito da Caverna", no livro *A República*, um diálogo entre o mestre e Glauco que descreve um ambiente escuro e subterrâneo, onde as pessoas ficam presas por medo de sair à luz, atormentadas por sombras assustadoras. Essa obra de Platão, *A República*, é considerada a mais complexa entre as que escreveu e reúne um conjunto de dez livros sobre diversas formas de política. Trata-se de uma alegoria que vale para os tempos atuais. A grande maioria dos seres humanos fica presa, acorrentada, atemorizada com o que acha existir ao redor, mas que não passa de manipulação. Resiste a tentar movimentos, contentando-se a viver a *pão e água*, dedicada a trabalhar insanamente. Mas há quem não se conforme, na certeza de que a vida tem que ser mais do que isso.

É o que descobre alguém que ousa sair da caverna para descobrir que as imagens tenebrosas vistas lá de dentro não passavam de sombras na penumbra, criadas por pessoas que manipulam a realidade, fazendo com que seus manipulados permaneçam acuados. Qualquer semelhança com o mundo atual não é mera coincidência. Em nosso país, os acuados de Platão seriam comparados a alguns celetistas, incapazes de ver possibilidades além da carteira assinada, imolando-se em empregos que os absorvem inteiramente, mas conferem uma falsa sensação de segurança. Todos sabemos que um emprego formal pode acabar de uma hora para outra.

Sair da caverna de Platão exige coragem e sacrifício, é bem verdade. Quem ousa tem que caminhar na escuridão, percorrer um caminho acidentado, rasgar a roupa, se sujar, se machucar, passar por uma série de dificuldades. Quando encontra a saída da caverna, no entanto, consegue ver a luz, as árvores, o céu, o sol, a lua. Sente a leveza do ar livre. Percebe que o mundo lá fora é muito maior e diferente daquele espaço restrito em que vivia antes. Ao constatar tanta maravilha, o ser corajoso volta para convencer os outros encarcerados a saírem. A grande maioria, 99%, não acredita no que ele diz, acha que está mentindo; mas 1% segue a jornada de ampliar os horizontes, de assumir o controle da própria vida, sem receio de buscar a verdade, mesmo que, a princípio, a luz lhe ofusque os olhos.

Hoje, a caverna de Platão nada mais é do que a mídia sufocando você e seu trabalho regido pela CLT, com o contínuo medo de ser demitido e a rotina de reclamar de tudo e de todos, como uma eterna vítima das circunstâncias. Na verdade, quem ousa sair descobre um mundo inteiro a desvendar e passa a ser protagonista, assumindo todas as responsabilidades e, sobretudo, instigantes surpresas.

TÁ NA SUA MÃO

No meu caso, quando fiquei desempregado em 2014, tinha recursos para manter minha família, então pude decidir sobre um ano sabático. A inquietação já me levava a refletir sobre a caverna de Platão, inclusive porque eu havia me dedicado parcialmente à perícia judicial desde 2002. A atividade valia a pena, mas eu precisei de um último empurrãozinho, a demissão inesperada, e de mais alguns anos para tomar coragem e, aí sim, me concentrar nela inteiramente. Assim fiz, refinando o aprendizado que armazenei aos poucos de maneira bem consciente, mas ainda restrito a mim mesmo.

A ampliação de horizontes aconteceu no mesmo ano do evento das 20 nomeações, 2018, quando surgiu a oportunidade de dar aulas em uma plataforma virtual. Na verdade, o chamado foi para meu sócio em outro segmento, e eu fui junto; mas como a área profissional dele era diferente da minha e sem maior interesse para o proponente, este optou por mim. Acontece que eu nunca tinha dado aula na vida, embora a possibilidade fosse um anseio ainda não muito claro, pois admirava a trajetória de meu irmão, que é palestrante de sucesso. Incomodado, achei que não tinha bagagem e experiência para assumir o desafio. Mesmo assim, aceitei o convite e passei a atuar na plataforma digital como professor.

Era um ambiente muito distinto daquele em que eu vivia. Cheguei lá e, sem nenhum preparo anterior, alguém me disse: "entre nessa sala e comece a gravar". Encarei o estúdio, abri meu PowerPoint e desandei a falar sobre avaliação imobiliária diante de uma câmera. Naquele momento eu estava concentrado no conteúdo, mas assim que terminei surgiram as preocupações. Pensei: "estou iniciando um curso gravado e as pessoas que assistirem poderão achar que sou um professor ruim". Não tinha parâmetros para uma autoavaliação. Foi um mergulho na luz, via som e imagem. Logo surgiram os primeiros comentários de quem acompanhava as aulas, e eram totalmente contrários ao que eu imaginava. Fui considerado um mestre objetivo, claro, para dizer o mínimo da série de elogios recebida. Comecei a fazer muito sucesso. Muitos alunos novos se inscreveram no curso por minha causa.

Não tardou para que me sentisse desconfortável com a divisão de lucros proposta inicialmente. O dono do *site* não concordou com o que sugeri, e então rompi com ele em meados de 2019. Estava, então, livre para montar minha própria plataforma, mas não tinha ideia de como começar. Assim, me vi diante de uma nova experiência, um desafio inédito. Já não foi tão difícil, depois de encarar as aulas sem nenhuma certeza de que daria certo. Sobretudo, sem preparo específico.

Então, procurei quem pudesse me iniciar no segmento. Pensei: "nada melhor que um *coach*", e fui em busca de candidatos na internet. Contratei um consultor por seis meses, sem regatear o valor estipulado. Ele começou a me explicar os detalhes do segmento e solicitou que eu gravasse o que sabia para que fizesse minha inserção no mundo virtual. Pela primeira vez, naquele estágio da vida, procrastinei por um breve período de tempo, até que decidi gravar o primeiro curso em minha própria casa, no espaço destinado a um escritório. No início, nada além de stories na conta pessoal. Enviei as gravações para meu contratado e ele sugeriu mudanças no cenário, a começar por elementos nas estantes até então vazias. Foram dicas objetivas e interessantes.

A primeira leva de ensinamentos para o público foi uma mentoria para quem já me conhecia. Na sequência, desenvolvi um curso sobre consumo de energia, já com a marca Academia Fernando Sarian. Finalmente, estava diante de um caminho interessante, e tudo começou a andar com maior consistência. Só havia um problema: o *coach* resistia ao que eu falava e, não contente, perpetrava alguns equívocos, de maneira que não conseguíamos alavancamento. A cada movimento, só conseguia vender para oito ou nove alunos, não obstante o imenso esforço. No fim do ano, o contrato com ele estava prestes a vencer.

Exatamente no dia 31 de dezembro, ele sugeriu a renovação nos termos anteriores, mas eu tentei negociar uma alternativa: renovaria, mas sem pagar o valor fixo inicial. Estava na hora de ele também correr o risco. Não aceitou. Acabou com o contrato e às seis da tarde daquele mesmo dia simplesmente apertou um botão e me tirou imediatamente do ar, embora a plataforma fosse minha. Ninguém, nem mesmo eu, tinha acesso ao conteúdo *online*.

Aquela foi uma virada de ano inesquecível. Eu estava diante de uma perspectiva assustadora: não sabia o que fazer com meus mais de cem alunos na época. Nem sequer tinha condições de informar a eles o que estava acontecendo, porque nossas interações dependiam do *site*. No entorno familiar, champanhe rolava para brindar a chegada do ano-novo. Em contrapartida, e sem demonstrar o que sentia, eu estava cheio de dúvidas a respeito dos próximos passos. "Nada de desânimo", pensei, reunindo fiapos de esperança em meio ao caos.

Fui dormir às duas da manhã. Acordei quatro horas depois e comecei a procurar na internet quem pudesse me ajudar. Precisava de alguém que conhecesse a parte de lançamento digital. Logo encontrei um aplicativo de celular ideal para isso. Pois bem: no dia 6 de janeiro, a Academia Fernando Sarian já estava no ar, porque o conteúdo era meu e eu tinha arquivos de tudo. Aprendi, a duras penas, que precisava conhecer mais a tecnologia das plataformas para não ficar na mão de ninguém. E mergulhei, sem esmorecer, no conhecimento desses meandros. Ao contrário, como aquele ser que saiu da caverna de Platão, passei a admirar e a administrar tudo que fui descobrindo.

Formei uma equipe e de novo arregacei as mangas, sem lamentações e sem reduzir minha atividade de perito judicial. Eu já sabia muito bem lidar com a adversidade. O mês de janeiro foi de esforço concentrado para vender os cursos, mas ainda era difícil obter resultados positivos. Em fevereiro, na véspera do carnaval, recebi a ligação do Rogério, meu atual sócio, que na época atuava em outra empresa do ramo, e ele quis saber o que seu estava fazendo. Fui claro e conciso ao dizer que estava levantando minha plataforma de cursos *online*. Ele conhecia tudo de lançamentos digitais. Melhor ainda: foi muito receptivo à proposta de parceria que lhe fiz. Aceitou encarar o risco de ser sócio, se tudo desse certo. Fechamos o mês com 200 alunos, e dali para a frente esse número continuou a subir. Na verdade, o crescimento foi exponencial já em março.

Para começar, mudamos o nome da plataforma, que virou Academia do Perito (**https://academiadoperito.com.br/**), que você pode acessar diretamente com o QR Code no fim deste capítulo. Senti necessidade de profissionalizar a empresa, que já se expandia naturalmente, com novos alunos e interessados. Esse é um passo importante para ampliar a credibilidade do empreendimento, com especialistas nos diferentes campos. Para garantir a estabilidade do ambiente virtual, o fácil acesso e a consulta bem desenhada, trouxe para compor a equipe editores de vídeo e especialistas em *copywriting*, entre outras modalidades básicas de trabalho especializado. Segui à risca as recomendações que hoje costumo oferecer a quem está em busca de uma ferramenta como esta, pois há muita oferta virtual, inclusive de "pseudocursos", com o risco de trazer mais prejuízos do que benefícios. E quais são os diferenciais que indico ao candidato que pretende entrar na atividade de perito judicial, escolhendo um curso entre os disponíveis?

Primeiro, tenha completa certeza de que está ingressando em um ambiente confiável. Hoje, é possível cercar-se de todo cuidado antes de tomar uma decisão; portanto, evite *sites* que aparecem de repente, assim "do nada", porque podem sumir da mesma forma, sem deixar vestígios. Invista um bom tempo em pesquisas, consultando redes sociais, *sites* e *blogs*, com especial atenção ao atendimento. Entre em contato com os que lhe parecem melhores para checar se oferecem mesmo o que alardeiam. Se as tentativas forem negativas, corra! Assim mesmo. Decidir-se por um curso sobre o qual você tem muitas dúvidas é um convite a ter uma bela decepção, para dizer o mínimo, pois existe o risco também de ser vítima de fraude. Há, inclusive, *sites* nos quais você pode verificar se uma empresa é idônea e não objeto de muitas críticas sem solução.

Se tudo isso lhe parece demais, paciência, porque ainda há mais o que fazer. Pense no investimento que vai fazer e no que vai receber de volta, sem receio de se exceder em seu próprio benefício. Um detalhe importante, entre vários, é a carga horária prevista na proposta, porque alguns Tribunais de Justiça do Brasil exigem um mínimo de horas-aula cumpridas para validarem a inscrição do candidato. Confira se os cursos oferecem canais para diálogo e suporte. Leia as avaliações dos alunos, algo que costuma aparecer nos ambientes virtuais mais singelos. Leve em consideração que dificilmente as pessoas registram opiniões negativas, mas tenha em mente que, se houver recomendações, aí está um bom sinal para fazer a escolha certa.

Os professores também devem ser analisados. Procure informações sobre a formação de cada um. Uma boa forma de conferir se o docente vale a pena é assistir a vídeos no YouTube de aulas e conteúdos próprios, para ver se são de fácil assimilação, com uma linguagem bastante acessível. Um mestre competente sabe atuar de maneira a manter a atenção dos alunos. Cuidado com os que abusam de termos técnicos sem trocá-los em miúdos para quem não é do ramo. Lembre-se de que o juiz também precisa desses esclarecimentos. E, por falar em juiz, outra boa indicação é saber se os alunos cadastrados são, de fato, nomeados para atuarem como peritos judiciais. É fácil comprovar resultados quando o curso apresenta vídeos de depoimentos dos profissionais que já capacitou, comprovando que estão realmente na ativa e obtendo sucesso na área.

Acima de tudo, opte por um curso que lhe ofereça um certificado de conclusão válido para todo o Brasil, senão poderá ficar com um "canudo" inútil.

Atenção redobrada no investimento a fazer. Por mais que você tenha cuidado com sua poupança, nada de escolher a opção mais baratinha. Pode ser um mau negócio, embora a princípio lhe pareça bom economizar alguns trocados. Atente para o ditado popular: "quando a esmola é demais, o santo desconfia". Concentre-se na qualidade, isso sim, porque o barato pode sair caro, especialmente se o curso não ensinar nada além do que você já sabe. Acredite, a mesmice acontece e não é rara.

Foi com todo o cuidado nos detalhes que construí minha plataforma de sucesso, a ponto de transformar a Academia do Perito em uma grife em cursos de perícia judicial, a qual, após um ano e meio no ar, já contava com 6.500 alunos claramente satisfeitos, a ponto de escolher alternativas em nosso cardápio de cursos. Encarar desafios com a firme disposição de resolvê-los é, sem dúvida, um caminho gratificante.

Aprendi, sobretudo, que não basta sonhar, guardando projetos na gaveta, para construir um futuro de sucesso, mas sim partir para a ação.

APONTE A CÂMERA DO CELULAR PARA
O QR CODE ABAIXO E ACESSE O CONTEÚDO
DA ACADEMIA DO PERITO

CAPÍTULO 6

Como encontrei o meu propósito

"O primeiro passo para transformar sua vida é se livrar da convicção negativa de que você não pode fazer coisa alguma ou que você é impotente."

AUTOR DESCONHECIDO

Alguém pode imaginar que criar a Academia do Perito, com tamanho sucesso, fosse o auge de minha carreira. Eu estava, porém, no meio do caminho, mas certo do rumo a seguir. Havia descoberto o que queria fazer com imenso entusiasmo, graças, inclusive, às vitórias conquistadas a cada passo. Mais ainda: minha intenção inicial foi abrir uma empresa que me remunerasse bem. Ganhar dinheiro foi a primeira ideia ao iniciar o empreendimento, e eu sabia muito bem quanto, apenas sendo perito, poderia ganhar para garantir um bom pé-de-meia. Com uma vantagem extra: alta procura, reduzida concorrência e carreira profissional até o fim da vida, sem depender de chefes e cartão de ponto.

É bem verdade que o segmento não oferece um salário a cada mês, embora possa ser muito mais do que uma quantia líquida e certa, ainda que sujeita a tempestades e ventanias inesperadas, até mesmo terremotos. O trabalho é feito por demanda e de acordo com o que será executado, ou seja, os honorários judiciais são bastante variáveis e já conhecidos no momento que se aceita a incumbência. O perito pode, portanto, escolher se quer ou não aceitar uma incumbência, tendo como base o valor definido, normalmente pago durante a tramitação do processo: 50% na entrega do laudo e 50% na resposta às impugnações. A média auferida por processo, no Rio de Janeiro, onde atuo, costuma ser entre três e cinco salários mínimos por nomeação, dependendo da área de atuação, mas pode oscilar bastante, como aconteceu comigo ao receber aquela bolada em 2015. Acredite, somas altas não são muito raras, se você se dedicar mesmo à carreira, porque certamente terá várias nomeações em processos diversos se souber aproveitar bem as oportunidades.

Vale, também, considerar que no chamado terceiro milênio as perspectivas de trabalho assalariado estão se reduzindo, da mesma forma que os locais das atividades, pois antes eram executadas sempre na sede ou nas filiais do empregador. Pesquisas apontam que a demanda de *home office* já vinha aumentando consideravelmente nas primeiras duas décadas dos anos 2000, mas durante a pandemia da Covid-19 tal crescimento se acentuou e tende a se expandir. Nada indica que o mercado de trabalho voltará a ser exatamente como era, mesmo que a pandemia termine, porque certas empresas tradicionais já perceberam que não precisam manter instalações tão grandes e complexas como antes, o que significa uma benéfica alternativa para poupar recursos. Também houve um grande aumento no número de demissões, sem indicação de que se voltará ao estágio anterior, uma tendência bastante comum mesmo em épocas não pandêmicas. Na sequência de crises econômicas, porém, a recuperação não costuma alcançar os patamares de antes.

O trabalho formal tradicional sedimentará as mudanças dos últimos anos, sem garantias reais de manutenção de cargos e salários. Daí a necessidade de encarar o desafio com toda coragem, abrindo mão de uma segurança almejada, mas sem base na realidade alterada. Assim, escolher uma carreira nova e bem mais flexível, além de vantajosa monetariamente, tem que estar na mente dos profissionais, até porque as pesquisas indicam um universo bem promissor nessa área mais aberta.

Para se ter uma ideia do tamanho da demanda no segmento de perícia judicial, basta verificar na tabela a seguir que, em 2021, apenas nos Tribunais de Justiça Estaduais ingressaram quase 17 milhões de ações. Se apenas 20% desses processos necessitarem de prova pericial, o resultado será um total de mais de 3,4 milhões novas nomeações por ano em diversas ações distribuídas por todas as regiões do Brasil.

NÚMERO DE PROCESSO EM 2021 - LITIGIOSIDADE				
	JUSTIÇA ESTADUAL	JUSTIÇA DO TRABALHO	JUSTIÇA FEDERAL	JUSTIÇA ELEITORAL
MOVIMENTAÇÃO PROCESSUAL				
Caso novos	16.922.580 ↓ -18,1%	2.975.899 ↓ -15,7%	3.809.039 ↓ -26,8%	1.366.734 ↑ 1.960,3%
Criminal	2.046.328 ↓ -19,7%	0 -	60.235 ↓ -46,4%	2.619 ↑ 5,0%
Não criminal	14.876.252 ↓ -17,9%	2.975.899 ↓ -15,7%	3.748.804 ↓ -26,4%	1.364.115 ↑ 2.036,6%
Julgados	17.333.697 ↓ -24,0%	2.870.510 ↓ -28,6%	3.371.488 ↓ -14,7%	762.297 ↑ 613,0%
Criminal	1.825.465 ↓ -28,5%	0 -	46.707 ↓ -41,8%	1.623 ↓ -45,6%
Não criminal	15.508.232 ↓ -23,5%	2.870.510 ↓ -28,6%	3.324.781 ↓ -14,1%	760.674 ↑ 631,9%
Baixados	19.498.870 ↓ -21,7%	3.098.866 ↓ -26,0%	4.004.155 ↓ -25,3%	678.361 ↑ 443,3%
Criminal	2.141.354 ↓ -25,8%	0 -	75.442 ↓ -51,0%	2.242 ↓ -34,5%
Não criminal	17.357.516 ↓ -21,1%	3.098.866 ↓ -26,0%	3.928.714 ↓ -24,5%	676.119 ↑ 456,8%
Casos pendentes	58.347.512 ↓ -5,2%	4.557.513 ↑ 1,0%	10.907.668 ↓ 2,5%	736.244 ↑ 1.222,7%
Criminal	7.405.002 ↑ 7,5%	0 -	202.131 ↓ -3,7%	6.121 ↓ -5,9%
Não criminal	50.942.510 ↓ -6,7%	4.557.513 ↓ 1,0%	10.705.537 ↓ 2,6%	730.123 ↑ 1385,3%

Vale lembrar ainda que, se houver no país 50 mil peritos em atividade, teremos cerca de 70 novos trabalhos periciais para cada um ao ano.

E nesse caso estamos falando apenas do Tribunal Estadual, lembrando que ainda temos o Federal e o do Trabalho, que geram outros milhares de novas perícias, até porque temos 27 Tribunais Estaduais, 24 Tribunais do Trabalho e ainda cinco Tribunais Federais, um para cada região do país.

	ESTADUAIS		**FEDERAIS**	
Tribunais Superiores			Supremo	1
			Superiores	4
Justiça comum	TJs	27	TRFs	5
Justiça especializada	TJMEs	3	TREs	27
			TRTs	24
Total		30		61

Ao todo, são mais de 10 mil unidades judiciárias, cada uma delas com pelo menos um juiz, nas chamadas Varas Judiciais, que é o local ou repartição que corresponde à lotação onde o magistrado efetua suas atividades.

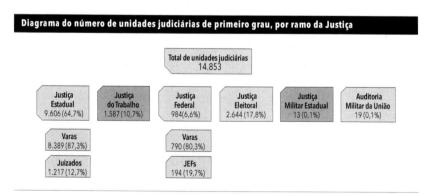

Se desejar conhecer mais sobre os números da Justiça no Brasil, acesse o *link*: https://www.cnj.jus.br/wp-content/uploads/2021/09/relatorio-justica-em-numeros2021-12.pdf

TÁ NA SUA MÃO

Uma informação muito importante e que abre ainda mais o leque de atuação do perito judicial é que o NCPC (Novo Código de Processo Civil) introduziu uma importante mudança na exigência de qualificação para se habilitar na atividade de perito judicial. Antes era preciso que os profissionais tivessem nível universitário; com a nova mudança, ampliaram-se as possibilidades também para pessoas com formação técnica, desde que habilitadas em seus órgãos de classe ou, se não existirem, desde que o diploma seja reconhecido pelo Ministério da Educação e Cultura (MEC).

O segmento pode ser atrativo não apenas para profissionais na ativa, mas também para aposentados, pois assim podem conservar e até ampliar a autoestima vivenciada quando em atividade permanente, ou seja, tem perfeito ar de recomeço.

E o mais interessante é que essa atividade pode ser exercida por profissionais das mais diversas áreas, como médicos, contadores, dentistas, grafotécnicos, engenheiros, administradores, psicólogos, corretores de imóveis, topógrafos, advogados, veterinários, arquitetos, especialistas em marcas e patentes, agrônomos, pedagogos, assistentes sociais, biólogos, técnicos, tecnólogos além de muitas outras profissões, desde que respeitem suas áreas de atribuição.

Para que fique mais claro, preparei uma série de vídeos sobre diversas profissões, e você poderá acessá-los, bastando apontar a câmera do celular para o QR Code abaixo:

O campo é realmente gratificante, mas ainda há muita gente que duvida. É algo semelhante à lógica do cisne negro. O que vem a ser isso? Na Europa Antiga acreditavam que só existiam cisnes brancos. Se alguém dissesse que havia cisnes negros, era considerado maluco. Mas quando os europeus conquistaram a Austrália a primeira coisa que viram foi um cisne negro no meio de um bando numeroso. A perícia judicial, para muitos, é um cisne negro. Não acreditam que existe até começarem a ouvir depoimentos de quem a pratica e conquista sucesso nessa atribuição.

Optei por me dedicar inteiramente à perícia judicial ao encontrar o que, para mim, era a melhor forma de empreender, com a satisfação de poder fazer em paralelo o que mais gosto profissionalmente, ou seja, ensinar, disseminando conhecimento. Na época, isso já me parecia bastante promissor e gratificante e, na prática, percebi que sabia me comunicar, o que é fundamental para um professor. Olhando para trás, chego a uma tranquila conclusão: ainda bem que tive coragem de me aventurar, mesmo com dúvidas sobre minha competência nessa área. Em vez de procrastinar, fui à luta e colhi resultados não só animadores, mas bastante pródigos, além de descobrir as interessantes ofertas com que uma nova carreira pode nos brindar.

O que me faltava, ao construir minha empresa de cursos, era o conhecimento técnico para o uso da plataforma virtual, e tratei de sanar a lacuna com disciplina e vontade de aprender. Tudo é possível se existe a vontade de superar um desafio, o que aconteceu no ocaso de 2019, quando tive de reinventar meu próprio ambiente. É incrível como tudo se acomoda no melhor clima se há dedicação e coragem. Enfrentei o primeiro ano da pandemia com o foco ajustado no ambiente virtual, algo que seria obrigatório até para empresas mais tradicionais e que tardaram bastante a se preparar. Muitas se viram diante de graves impasses para fazer a transição, e nem todas foram bem-sucedidas.

A Academia do Perito, no entanto, já funcionava a pleno vapor quando o mundo teve que enfrentar o confinamento doméstico. Na condição de empreendedor, eu estava — como se dizia no início da era da tecnologia — no estado da arte. Melhor ainda, detinha o conhecimento de todas as ferramentas para manter a plataforma no ar, embora contasse com uma equipe de primeira linha para atuar sem falhas. Nunca mais haveria de sair do ar compulsoriamente, como havia me acontecido naquela virada de ano.

Até ali, empreender tinha como objetivo ganhar dinheiro, pura e simplesmente, e sem depender de um empregador. Quem corria o risco era eu, tinha o destino em minhas mãos. E já sabia que dispunha de uma fonte pródiga, construída com muita dedicação e boa dose de coragem para enfrentar o desconhecido, com o que havia reunido de conteúdo ao longo dos anos. Por intuição, incluí na grade dos cursos aulas de **motivação**, não porque estivesse na moda, mas por acreditar que seriam fundamentais para trabalhar com paixão. Essa palavra pode parecer forte demais ou até mesmo descabida, mas é necessária, e, não por acaso, eu havia mantido as menções à caverna de Platão, às quais retorno sempre que se encaixam ao conteúdo que preparo.

"Se alguém oferecer uma oportunidade incrível, mas você não tem certeza de que consegue fazer, diga sim — e depois aprenda como fazer."

Quem sugere é o empresário britânico Richard Branson, autor de diversos livros e fundador do instigante Grupo Virgin, que se divide em diversas atividades de sucesso no ramo de biocombustíveis, vestuário, música e aviação, incluindo variáveis espaciais. Costumo citá-lo para meus alunos, até porque ele é uma referência para mim, por causa das dificuldades que enfrentou durante a vida para manter suas empresas em funcionamento e crescendo.

Para me certificar de que estava mesmo no caminho certo, além de estar satisfeito com os ganhos de empresário, tratei de incentivar os alunos a dizerem como se sentiam nas aulas. Dentre muitos depoimentos, um me chamou a atenção: o de um ex-empreendedor que havia sido dono de uma construtora e que chegou a faturar R$ 10 milhões por ano, mas que sofreu um sério revés, obrigando-o a recomeçar do zero — uma história muito parecida com a minha.

"*O Fernando é o cara! É fera! Conseguiu me tirar da depressão profunda em que me encontrava, durante um momento muito difícil da vida. Ao acompanhar aulas sobre a caverna de Platão, consegui virar a chave, despertar. Acabei com o coitadismo em que estava mergulhado*", diz Edimilson, meu aluno satisfeito.

Sua história foi forjada em um grande sucesso seguido de um tremendo baque. Ele tinha sido empreendedor, com uma obra que lhe garantia reconhecimento e uma vida de opulência. Falhou, porém, ao enfrentar uma série de reveses, até falir, sem enxergar novas alternativas, até que chegou à Academia do Perito, na qual encontrou uma nova motivação para mudar seus rumos. Encarou o desafio com muito êxito. E se sentia grato por ter tido acesso a uma ferramenta decisiva para dar a volta por cima.

Quando tomei conhecimento do que aconteceu com ele, eu também refleti sobre minha real motivação ao construir uma obra inicialmente movido pelo desejo de ganhar dinheiro. Não que fosse errado, mas havia muito mais a desvendar no caminho escolhido.

TÁ NA SUA MÃO

O tocante depoimento daquele aluno me emocionou a ponto de me levar a refletir sobre uma expansão do currículo existente. Além do necessário e profundo conteúdo técnico, ampliei o espectro motivacional já presente, mas merecedor de expansão. Percebi que tinha instrumentos para incentivar as pessoas a mudarem sua vida para melhor. Foi uma descoberta fundamental.

Assim, encontrei e defini meu propósito: transformar pessoas, não apenas difundir capacitação, oferecendo esperança para agirem em prol de seu próprio sucesso. Os cursos passaram a ter elementos para instigar e permitir uma mudança ativa.

Se você for aos dicionários, vai encontrar os significados da palavra propósito: intenção de fazer algo, projeto, desígnio, aquilo que se busca alcançar, objetivo, finalidade, intuito. Algo muito além do simples anseio por ganhar dinheiro, que é muito bom, mas pode nos conduzir ao exagero consumista, que nunca tem fim. Sempre há algo mais para comprar quando o que se pretende é apenas enriquecer e, em limitada concepção, ostentar, na ânsia de se destacar da média: a casa mais suntuosa, o carro acessível para raros, o estilo baseado em marcas famosas, entre outros diferenciais enganosos, porque sempre há alguém com mais posses, e as novidades se atropelam no dia a dia de quem se concentra no consumo.

Outra e ampla perspectiva é dedicar-se a um propósito muito além de nós mesmos, isto é, contribuir para nossos semelhantes, com um olhar cuidadoso sobre os que nos cercam. Foi justamente o que defini, ao concentrar a atenção sobre os aspectos motivacionais, os quais abordo naturalmente, porque fazem todo sentido para mim.

Mudar de vida é possível, quando se está disposto a ousar.

CAPÍTULO 7

Quatro passos para a prática da perícia judicial

"A seara é realmente grande, mas poucos são os ceifeiros."

MATEUS 9:37

1. Ter formação técnica ou superior.

2. Capacitação na área pericial.

3. Cadastramento nos Tribunais de Justiça.

4. Certificação digital.

Dedicar-se à perícia judicial representa
— sei por experiência própria, graças a décadas com constantes nomeações e relatos de meus alunos satisfeitos — uma possibilidade de carreira definitiva sem perdas salariais como ocorre em outras profissões, quando as pessoas preferem o emprego formal e assim ficam sujeitas a todo tipo de surpresa negativa. A perfeita capacitação deixou de ser uma garantia de permanência como celetista, porque normalmente os profissionais que chegam a essa categoria costumam receber altos salários. Provavelmente serão os primeiros candidatos à porta da rua ao menor sinal de crise econômica, pois cortar custos ainda é a saída preferencial para empresas tradicionais. É fácil constatar essa realidade ao consultar notícias a respeito na mídia tradicional. Não se trata, portanto, de simples opinião, e sim da realidade dos fatos.

Antes de tudo, é preciso convencer-se de que você está mesmo diante de uma bela chance de ter trabalho ininterrupto, caso se incline para a profissão que, com justa razão, trabalha com peritos imparáveis. Essa qualificação, "imparáveis", é importante, porque tem dois significados fundamentais: o primeiro é a chance de atuar continuamente, sem interrupções nem demissões, como acontece o tempo todo nos ambientes tradicionais de emprego; o segundo, a necessidade de contínuo aperfeiçoamento.

Em minha plataforma de cursos você pode observar quantas atualizações de conhecimento existem, e como são importantes para garantir excelência. Não se conforme com a média, insisto mais uma vez, sugerindo efusivamente que se qualifique, a única maneira de se destacar. Trabalhar com excelência, reafirmo, é o que você deve ter em mente para o seu próprio bem e autoestima.

Observe que esse novo campo de atividades é adequado à sua formação, além de ser um incentivo à contínua expansão. Evita que nos paralisemos naquele patamar "confortável" do falsamente garantido, pois com certeza nada é menos garantido do que a estagnação, ainda mais no mundo de hoje, em que tudo muda com muita intensidade. Basta conferir minha própria experiência para observar quantos patamares tive que subir, sem receio do que me reservavam mais adiante. As oportunidades estão justamente no desconhecido, acredite, e é nesse tipo de ambiente que costumamos trafegar com mais atenção, quer dizer, com menos chance de perder o melhor da vida. É um estado de atenção destituído de ansiedade, porque nos conduz ao melhor de nós mesmos, algo que o tal "conforto" jamais indicará.

Meus alunos sabem muito bem o que significa aprimorar-se e têm muitos incentivos para manter a chama acesa. Um deles é o próprio concurso anual da Academia do Perito, denominado "Perito Imparável", que premia os que obtêm mais nomeações e trabalham com a excelência que eles mesmos esperam de si. É um momento de comemoração necessário, até para relembrar a cada um de nós como o aprimoramento contínuo é uma necessidade íntima, quando temos consciência de nosso papel na comunidade.

Habilite-se à prática da perícia judicial seguindo quatro passos fundamentais e capazes de garantir seu sucesso.

Primeiro passo: ter formação técnica ou superior

O primeiro passo você já deve ter dado e talvez nem saiba, pois corresponde a quase 80% do que é necessário para habilitar-se: é ser um profissional de nível técnico ou superior devidamente credenciado em seu conselho de classe, segundo o que consta no artigo 156 do NCPC, no § 1º.

> **Art. 156.** *O juiz será assistido por perito quando a prova do fato depender de conhecimento técnico ou científico.*
>
> *§ 1º Os peritos serão nomeados entre os profissionais legalmente habilitados e os órgãos técnicos ou científicos devidamente inscritos em cadastro mantido pelo tribunal ao qual o juiz está vinculado.*

Para começar, como já mencionado, é imprescindível estar habilitado no seu conselho de classe ou se não houver, que o diploma de sua formação técnica seja reconhecido pelo MEC.

Segundo passo: capacitação na área pericial

A segunda etapa é capacitar-se em um competente curso de perícia judicial, exigido em alguns tribunais.

Importante: mesmo que no local onde você for atuar não haja tal necessidade, inscreva-se no melhor curso que encontrar e siga as dicas do Capítulo 5, no qual ofereço todas as indicações para que sua escolha seja a melhor e para que você não caia em armadilhas, porque, acredite elas existem e podem atrapalhar sua trajetória. Só com uma excelente formação na área você terá condições de atuar com segurança e conhecimento de causa. Na verdade, você ganha tempo ao apostar na aquisição de conteúdo. No mínimo, evitará, já na porta de entrada, cometer erros primários capazes de reduzir suas chances de escolha por um juiz. No máximo, ampliará seus conhecimentos e passará a contar com canais de diálogo para tirar dúvidas, quando surgirem. Um bom curso, você já sabe, sempre permite interação, por manter abertos canais de comunicação capazes de dirimir quaisquer dúvidas.

Terceiro passo: cadastramento nos Tribunais de Justiça

Após o advento do NCPC em 2015, foi determinada a criação do chamado "Banco de Cadastro dos Peritos nos Tribunais de Justiça (TJ)", em suas diversas competências: Federal, Estadual ou do Trabalho, em conformidade ao que dita o art. 156 § 2º.

> **Art. 156**. *O juiz será assistido por perito quando a prova do fato depender de conhecimento técnico ou científico...*

TÁ NA SUA MÃO

§ 2º Para formação do cadastro, os tribunais devem realizar consulta pública, por meio de divulgação na rede mundial de computadores ou em jornais de grande circulação, além de consulta direta a universidades, a conselhos de classe, ao Ministério Público, à Defensoria Pública e à Ordem dos Advogados do Brasil, para a indicação de profissionais ou de órgãos técnicos interessados.

Consulte o seguinte *site*, que contém a relação dos Tribunais de Justiça em todos os estados do país:
http://www.cnj.jus.br/poder-judiciario/tribunais/

É importante destacar que um profissional pode se habilitar em vários Tribunais de Justiça, mas deve seguir as exigências específicas de cada um deles, ou seja, se deseja atuar em São Paulo e Rio de Janeiro, o perito deverá se cadastrar em ambos, seguindo as determinações específicas de cada um deles.

Cabe prestar atenção a esse passo, fundamental como os demais, porque requer paciência para pesquisa, o que lhe poupará de futuras perdas de tempo ou, pior, oportunidades. Evite considerá-lo uma chatice pelo trabalho que representa, mas sim encare-o como uma grande chance de encontrar o que é melhor para a sua carreira.

No momento do cadastro, alguns tribunais permitem que você escolha as regiões de atuação. Assim, no início concentre-se nas Varas e Comarcas[2] mais próximas de onde você mora, talvez em

---

[2] Comarcas: A **comarca** corresponde ao território em que o juiz de primeiro grau exerce sua jurisdição e pode abranger um ou mais municípios, podendo conter diversas Varas.

um raio de 30 quilômetros. Só na falta desse quesito amplie um pouco mais a abrangência da busca. A proximidade é um fator que facilita continuar exercendo a nova profissão sem que haja necessidade de grandes deslocamentos, o que por sua vez tende a reduzir a quantidade de nomeações.

O cadastramento por si só já o habilita a ser nomeado, mas para ser lembrado é preciso ser visto. Dessa forma, entre em contato com os serventuários, como fiz e continuo fazendo, para saber o nome de cada um e conhecê-los e para que também o conheçam e se lembrem de você. Criar ligações é fundamental para garantir a continuidade do trabalho, além de ajudá-lo bastante a inteirar-se dos detalhes da área.

Quarto passo: certificação digital

No mundo atual, o certificado digital é a sua identidade eletrônica, pois funciona como uma carteira de identificação virtual que permite assinar documentos a distância com o mesmo valor jurídico da assinatura feita de próprio punho no papel, mas sem precisar reconhecer firma em cartório.

Devemos lembrar que mais de 95% dos processos que tramitam na Justiça já são eletrônicos, sendo acessados diretamente pelo computador. Assim, para protocolizar suas petições você deverá ter um autenticador que comprove sua veracidade.

Nesse caso, você pode contratar o serviço de alguma empresa certificadora, a fim de validar sua assinatura digital nos documentos que utilizará no processo.

TÁ NA SUA MÃO

QUER SABER MAIS SOBRE ESSES QUATRO PASSOS? ACESSE O QR CODE ABAIXO, CLIQUE EM COMPRAR, INSIRA O CUPOM **TANASUAMAO** E RECEBA DE PRESENTE UM CURSO EM FORMATO DIGITAL, COM CERTIFICADO DE CONCLUSÃO, SOBRE O ASSUNTO.

QR CODE MINICURSO – 4 PASSOS

Tenho certeza de que, seguindo as etapas detalhadas acima, você estará apto a ser nomeado pelos juízes do Tribunal de Justiça em que se cadastrou. Mas, como foi destacado no início deste livro, meu desejo é que você tenha sucesso na carreira e, para que tudo fique mais claro na trilha desse caminho, criei a metodologia chamada os "4 Ps" do perito. Voltada à apresentação eficaz nos Tribunais de Justiça, a metodologia tem otimizado as oportunidades de nomeações de profissionais por todo o país.

Trata-se da minha cereja do bolo, que meus alunos costumam chamar de "gastar a sola do sapato", que já viabilizou milhares de nomeações para eles e será detalhada no próximo capítulo.

CAPÍTULO 8

Os "4 Ps" do perito judicial: a fundamental metodologia para otimizar as nomeações

"E se der medo... finge que tem coragem e vai com medo mesmo. Se der ansiedade... finge que tá tranquilo e vai ansioso mesmo. Se tá cansado... finge que tá bem e vai cansado mesmo. Se está sem paciência... respira fundo e vai assim mesmo. O importante é não parar, não parar."

WILTON LAZAROTTO

P1. Personalização de seu *curriculum vitae*.

P2. "*Pitch*" de apresentação.

P3. Posicionamento *online*.

P4. Planejamento e ação.

Tudo o que você viu até agora é fundamental para o exercício da nova profissão que está disposto a exercer, como indica sua atenção redobrada a cada informação a seu dispor. Chegou a hora de falar daquilo que chamo "cereja do bolo", não porque é mais importante, mas pela abrangência do conteúdo para o sucesso na trajetória escolhida. Os quatro passos acima enumerados talvez você possa até encontrar em vários cursos disponíveis, mas o que vem agora diz respeito à ação efetiva, depois de se habilitar com os passos iniciais.

Aqui, ofereço-lhe o que aprendi ao longo de minha carreira, pois a princípio todo campo novo é uma possibilidade infinita de descobertas.

Trata-se da metodologia para otimizar nomeações "gastar a sola do sapato", como já mencionado no capítulo anterior. Significa, basicamente, levantar-se da cadeira e agir em seu próprio benefício, e só você pode fazer isso por você, acredite. Terá que ampliar suas possibilidades de exposição positiva, porque ninguém fica conhecido sem se apresentar e se fazer presente diante de todos os demais. Não imagina que cumprir os quatro passos apresentados no capítulo anterior vai lhe garantir essa visibilidade; apenas permitirá que esteja em condições de exercer a atividade. A seguir, com muita atenção, vamos ao próximo quarteto de providências fundamentais, o que costumo chamar de os "4 Ps" do perito judicial.

Antes de entrar no conteúdo propriamente dito dos diferenciais, eis uma dica valiosa: elabore e mantenha no ar seu *site* pessoal. Esse tipo de recurso faz com que você se destaque ainda mais da multidão, acredite e invista nisso. Hoje em dia, ter um ambiente virtual é importante e eleva suas chances em todos os sentidos. Tenha o cuidado de mantê-lo sempre atualizado, pois isso demonstra que há novidades em suas atividades profissionais, ou seja, demonstra que sua vida não é uma rotina desinteressante.

P1: Personalização do seu currículo

O primeiro "P" da metodologia é a "Personalização" do seu perfil. Assim, para otimizar nomeações você deve apresentar-se da melhor maneira possível, para que consiga conectar-se com seu interlocutor, seja o juiz ou o secretário do magistrado. Apresente-se de forma coerente e capaz de oferecer as informações necessárias a seu respeito, algo que normalmente é chamado de currículo, mas que costuma ser feito de acordo com recomendações habitualmente erradas. Nada de preparar um arrazoado em branco e preto, prolixo a ponto de desanimar quem se disponha a conferi-lo. Há muitas indicações na internet para esse documento, mas lhe ofereço outras bem diferentes, quebrando paradigmas.

É preciso chamar a atenção do leitor na primeira oportunidade, ou seja, na abertura. Sugiro que seja colorida e bem sucinta, seguindo indicações da *Harvard Business Review*, publicação que aponta que o seu CV tem que captar o interesse do leitor em sete segundos, garantindo uma bela vantagem competitiva diante da mesmice habitual. Apresente-se, portanto, de maneira marcante em várias e concisas etapas, a começar pelos dados básicos a seu respeito, como nome, endereço, inscrição e principalmente o CPF, uma segunda etapa, e bem simples, do processo inicial.

Muita gente não inclui essa informação no currículo, mas, para ampliar suas chances de nomeação, esse é um cuidado fundamental, porque evita que os serventuários interessados em seu perfil tenham de lhe mandar um *e-mail* com tal solicitação, ampliando o tempo de comunicação. Tudo o que facilitar a conexão deve ser usado, o que significa não deixar de fora nada imprescindível. Um terceiro ponto dessa apresentação é indicar as varas específicas onde você deseja atuar, já devidamente pesquisadas e escolhidas, preferencialmente as mais próximas de sua casa.

O quarto item básico no quesito é oferecer suas qualificações profissionais e detalhes importantes, como anseios de parceria na atuação. Nesse documento, sugira uma nomeação, mesmo que em justiça gratuita, para mostrar seu trabalho e habilitar-se à prática; e a cada semana consulte o *site* do TJ em que se cadastrou para verificar se recebeu alguma intimação automática. Atente também para seu *e-mail*, aquele que consta em sua apresentação, porque pode ser usado para a chamada.

Na sequência, como quinto item, inclua os logotipos das empresas para as quais você queira atuar como perito nomeado, porque esses desenhos chamam muito mais atenção do que apenas o nome. Como exemplo prático, se quer atuar em perícias ligadas à relação de consumo com as concessionárias de serviços, inclua o logo delas na sua carta de apresentação.

Na sequência, ainda é importante indicar resumidamente os tipos de perícia para os quais você aceita indicação, como a avaliatória de imóveis e de consumo, no caso dos engenheiros; ou a patológica, característica para médicos, por exemplo, evitando deixar a conclusão para quem lê.

Os dados principais devem ser grafados em cor diferente, destacando-se de quaisquer outros currículos tradicionais, por mais bem-feitos que sejam. Finalmente, um diferencial extraordinário: sugiro incluir um QR code para acesso a um vídeo de 30 segundos que você preparou previamente, dizendo quem é e indicando seu *site*. Assim, com um simples *smartphone* seu interlocutor poderá conhecê-lo, bastando acessar o código a seguir.

APONTE A CÂMERA DO CELULAR
PARA O QR CODE ABAIXO E CONFIRA UM EXEMPLO
DE CARTA DE APRESENTAÇÃO.

P2: *"Pitch"* de apresentação

Dos "4 Ps", o *"Pitch"* é fundamental na metodologia que criei para otimizar as nomeações, ou seja, este segundo "P" é a conexão direta com o seu ouvinte, seja o próprio juiz ou um de seus assessores. Da mesma forma que a indicação para o primeiro "P", o segundo tem que ser breve, de uns 30 segundos, direto e bem claro. Uma situação provável é bem ilustrativa do que fazer nessa circunstância que, se bem aproveitada, pode ser decisiva. Digamos que você esteja no tribunal e no *hall* do térreo encontre quem procura. Subir até o décimo andar levará mais ou menos uns 30 segundos de trajeto.

O que você faria diante de uma oportunidade fantástica de impressionar com sua atitude positiva? Não confie em improvisações, exceto as que possam reforçar sua credibilidade, e sim prepare-se com um treinamento efetivo usando a técnica do *elevator pitch*, também chamado originalmente de *elevator speech* e *elevator statement* ou, em bom português, literalmente "discurso do elevador" ou mesmo "discurso de venda".

Se nunca ouviu falar a respeito, saiba que se trata de uma técnica desenvolvida na década de 1990 por Michael Caruso e Ilene Rosenzweig, ex-editores da revista *Vanity Fair*, nos Estados Unidos, para apresentar com sucesso suas ideias de matérias ao editor-chefe. É uma rápida descrição do que se quer que o interlocutor entenda em um breve período de tempo, justamente o que se levaria para sair do térreo e chegar ao décimo andar. Fazer um discurso curto não significa cortar informações, mas sintetizar todos os tópicos de uma ideia em menos palavras. É, sim, um instigante desafio, e por isso mesmo você deve encará-lo com disposição positiva. Era uma iniciativa indicada, também, a novos empreendedores dispostos a conquistar investidores, e que você pode usar com desenvoltura para se apresentar e dizer quais são suas qualidades profissionais, desde que se prepare muito bem.

E o que isso significa? Mais uma vez, trabalho prévio e bem elaborado para ganhar tempo na hora certa: escreva um bom texto, colocando tudo o que lhe pareça relevante, para depois reduzir o tamanho da fala ao essencial. Só depois de formatar esse discurso você deve praticar até que esteja em condições de expor essas breves, mas consistentes, ideias a seu interlocutor. O treino é para que você se sinta em perfeitas condições para se expressar, sem incorrer em devaneios, omissões ou hesitações, afinal, estará diante de uma ocasião privilegiada e digna do melhor proveito. Interiorize bem o conteúdo com naturalidade, repetindo-o quantas vezes for necessário e diante de um espelho para conferir suas expressões ao falar. Uma coisa interessante é pedir a alguém de sua confiança que ouça o que você preparou, para sentir se tudo está em ordem ou há necessidade de ajustes; antes de mais nada, mantenha abertura para críticas positivas.

Quando sentir segurança em seu próprio desempenho, aja, mesmo que não encontre quem deseja no elevador, pois haverá momentos de conexão no processo inicial de nomeação para de fato conquistá-la. Confie e treine com entusiasmo. Cuidado para evitar que pareça uma manifestação decorada, porque valerá a pena contar com esse trunfo decisivo para enfrentar uma oportunidade de ouro. Lembre-se da recomendação dos professores na escola tradicional, de que não se deve decorar, mas sim entender um conteúdo e falar com emoção, porque esta é a verdadeira chave para uma conexão valiosa.

Como estou sugerindo que você treine diante do espelho, vale observar que use gestos capazes de enfatizar seu discurso, mantendo sempre o olhar no do interlocutor. Jamais desvie ou olhe para baixo, o que denota hesitação. Detalhe importante: mantenha os pés no chão, sem se movimentar ou balançar o corpo.

P3: Posicionamento *online*

Vamos agora ao terceiro "P", de "Posicionamento *online*", tão importante como os demais para garantir seu futuro no novo ramo.

Não custa relembrar que vivemos em um mundo real com imensa dimensão no virtual, onde temos de estar presentes — do contrário, seguiremos ignorados.

Já indiquei a necessidade de manter e divulgar seu próprio *site*, mas há alternativas nesse vasto universo de chances. Participar de redes sociais ajuda, mas é fundamental estar presente no LinkedIn, que se apresenta com justa razão como "a maior rede profissional do mundo, com mais de 774 milhões de usuários em mais de 200 países e territórios". Só esses dados, que constam do próprio *site* (www.linkedin.com), são suficientes para mostrar a importância dessa ferramenta profissional em que o cadastro é imprescindível e gratuito.

Você terá que criar um perfil profissional com foto e dados relevantes a seu respeito, seguindo as indicações já oferecidas para a inclusão como perito judicial. Os cuidados são semelhantes, ou seja, oferecer informações fundamentais e sucintas, para demonstrar sua experiência, além de uma imagem recente. Aliás, mantenha seu LinkedIn sempre atualizado, porque nada é mais desanimador para alguém que se interessa por seu perfil do que encontrar informações antigas. Portanto, garanta que a seu respeito seja passada a imagem de um profissional em constante atividade, para merecer de fato a qualificação de "perito imparável".

Uma vantagem importante de manter-se atualizado no LinkedIn é a possibilidade de acesso aos possíveis "clientes", porque eles também se apresentam na mesma rede. Selecione-os e atente para suas características, para garantir que acerte tanto na linguagem como na abordagem; são aspectos diferentes de um discurso, você bem sabe. Claro, use termos adequados e jamais gírias ou vícios de linguagem sem nenhum apelo profissional que, ao contrário, são contraproducentes, pois indicam falta de profissionalismo. Evite o uso frequente da palavra "tipo".

Acerte no tom e no conteúdo para obter a almejada empatia, ou seja, identificação com o interlocutor e vice-versa.

P4: Planejamento e AÇÃO

Finalmente, para otimizar nomeações, o quarto "P" refere-se ao "Planejamento", feito para definir bem seu alvo, ou seja, as varas mais adequadas como ponto de partida e a forma como deverá se apresentar.

Pesquise telefones, *e-mails* e nomes dos serventuários que você deverá conhecer. No início, como já falei, limite-se a atuar num raio de 30 quilômetros; assim evitará perder tempo e poderá ser mais efetivo no oferecimento de seus serviços. Aproveite bastante as oportunidades que o espaço virtual oferece, jamais se esquecendo de se fazer presente; e fique atento à sua correspondência virtual, algo que foi providencial durante o confinamento decorrente da pandemia de coronavírus. Acredite, foi o período em que tive mais nomeações, gastando a ponta dos dedos.

Isso não quer dizer que você deve subestimar a importância de agir, ou melhor, de gastar a sola do sapato, uma vez que o ambiente externo esteja mais favorável a visitas de corpo presente. Continua valendo a recomendação de fazer conexões diretas, com visitas aos tribunais, para que os serventuários nunca se esqueçam de você.

Quem não aparece, é lamentável dizer, merecidamente desaparece.

CAPÍTULO 9

Capriche na atuação pericial

"Todo bom desempenho começa com objetivos claros."

KEN BLANCHARD

Conhecer todos os requisitos para iniciar a carreira de perito judicial é o primeiro passo, e você pode se habilitar conhecendo, principalmente, os artigos 464 a 480 do NCPC, e, claro, tendo coragem para construir uma nova carreira, o que muitas vezes significa abandonar a falsa "segurança" do emprego com carteira assinada.

Trata-se de exercer uma atividade por sua conta e risco em um ambiente desafiador e instigante, sem nenhuma rotina, o que indica a necessidade constante de atualizações e capacitações. Você também já sabe que embarcar nesse caminho é assumir as rédeas de sua vida, na certeza de que pode ganhar muito mais do que um salário no fim do mês. Para que isso de fato ocorra, além dos passos iniciais, é preciso mergulhar na atuação, também se distinguindo da média por arriscar-se mais, em especial no que se refere a movimentos para ampliar sua experiência.

Se tal perspectiva a princípio lhe causa apreensão, acredite, vale a pena, porque esse é o melhor caminho para ter um desempenho marcante, tal como foi a apresentação dos "4 Ps". Uma vez conquistada a primeira nomeação, verá que está prestes a tomar decisões importantes.

Uma delas é a forma como pretende atuar, pois, além da perícia judicial, existe a possibilidade de atuar também como assistente técnico, um trabalho interessante e que não depende de nomeação. Pode ser exercido tanto para o autor da ação como para o réu, embora não para ambas as partes ao mesmo tempo, obviamente, e tem como objetivo acompanhar a perícia na qualidade de assessor da parte que o contrata. Nesse caso não é obrigado se cadastrar como perito judicial nos tribunais, embora essa providência seja bastante indicada, inclusive para lhe dar autoridade e facilitar o acesso a escritórios de advocacia e empresas, onde existem demandas que poderão contar com a sua análise técnica.

Outro fator positivo dessa opção é conhecer o ambiente de maneira menos direta, embora bastante profunda, o que permite fazer movimentos mais amplos com maior segurança, graças à ampliação da sua experiência. Nesse caso, os valores a receber dependerão de negociações com os contratantes, levando em consideração o processo em curso.

O assistente técnico pode recusar um trabalho sem que isso signifique desinteresse, senão outros fatores que ele leva em conta ao atuar.

Porém, uma vez cumpridas as etapas iniciais, nada impede você de atuar nas duas vertentes, ou seja, já pode se dispor a aceitar nomeações como perito e também as contratações como assistente técnico, desde que não haja conflito de interesses.

TÁ NA SUA MÃO

Para começar, um alerta: esse não é um campo apropriado para imediatistas, ou seja, para quem pretende obter o máximo de rendimentos logo de saída; portanto, tenha paciência. Construir uma carreira é trabalho cuidadoso e dedicado, para quem aposta na própria competência ao deparar-se com desafios. Uma coisa é certa: você não viverá na mesmice, porque cada processo é diferente do outro em objetivo e até em magnitude. Não raro, a princípio, talvez haja indicações da chamada justiça gratuita, que não significa ausência de proventos, mas sim valores de menor monta.

E quando um perito judicial é nomeado para esse tipo de caso? Quando o autor do processo é hipossuficiente, ou seja, incapaz de pagar as custas do processo, passa essa atribuição ao Estado. Às vezes acontece o mesmo até com o réu, o que se deve levar em conta uma vez que, ao aceitar as razões de um ou de ambos, o juiz determina um honorário que costuma variar entre R$ 300 e R$ 500. Aparentemente é muito pouco, mas, se forem casos simples, ao assumi-los você pode acumular outros no mesmo mês, chegando então a um valor nada desprezível e abrindo uma ótima oportunidade para apresentar a qualidade dos seus laudos, conquistar a confiança do juízo e alcançar nomeações muito bem remuneradas.

É claro que o perito nomeado pode declinar da demanda, segundo o que consta no artigo 467 do NCPC, mas sugiro que você reflita sobre essa questão e aceite.

Art. 467. *O perito pode escusar-se ou ser recusado por impedimento ou suspeição.*

Parágrafo único. *O juiz, ao aceitar a escusa ou ao julgar procedente a impugnação, nomeará novo perito.*

Com base em experiência própria, pois muitas e muitas vezes aceitei, digo que não me arrependi. Ao contrário, fiquei cada vez mais visível para nomeações, a ponto de haver meses em que encarei mais de dez processos em uma única Vara, o que também me ajudou a ampliar a experiência e conhecer cada vez mais o segmento. Saiba, no entanto, que o valor pode ser alterado até para mais a depender das circunstâncias em que se desenrola o processo e da decisão do juiz, que é soberano.

Vale aprofundar-se um pouco no conhecimento prévio de como funciona a questão dos honorários. Compreenda que não se trata de andar no escuro, à mercê de decisões alheias; ao contrário, fora dos casos de pessoas sem condições de arcar com as custas, na grande maioria das vezes quem define o que vai receber é você e com total conhecimento do trabalho que terá pela frente. Assim que receber uma nomeação, você tem acesso ao processo, a partir da petição inicial, da contestação e dos quesitos das partes. Trate de analisar tudo criteriosamente e terá cinco dias para dar sua resposta, se aceita ou não a incumbência e quanto quer receber, conforme artigo 465 do NCPC.

> **Art. 465**. *O juiz nomeará perito especializado no objeto da perícia e fixará de imediato o prazo para a entrega do laudo [...].*
>
> *[...] § 2º Ciente da nomeação, o perito apresentará em 5 (cinco) dias:*
> *I – proposta de honorários;*
> *II – currículo, com comprovação de especialização;*
> *III – contatos profissionais, em especial o endereço eletrônico, para onde serão dirigidas as intimações pessoais.*

TÁ NA SUA MÃO

Como ponto positivo, mais de 96% dos novos processos que ingressam na Justiça são eletrônicos; assim, você não terá despesas de deslocamento para entender o conteúdo das ações, bastando acessar o *site* do Tribunal de Justiça do qual recebeu a nomeação e consultar as peças processuais citadas acima, avaliando a viabilidade de aceitar o desafio da nomeação recebida.

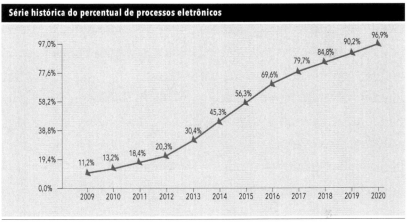

Fonte: Conselho Nacional de Justiça, 2021.

Elaborar a proposta de honorários é uma questão de análise minuciosa, a começar pelo volume de trabalho que terá pela frente, em termos de horas. Essa é a base para a decisão. Considere que cada etapa a percorrer leva tempo, desde a própria leitura do processo; quanto mais extenso, mais horas, claro. Leve tudo em consideração, cada deslocamento que terá que fazer, desde o trajeto para a área a periciar, quanto tempo levará para observar tudo, o retorno à sua base, a elaboração do laudo e eventuais respostas a quesitos complementares — que sempre serão apresentados, pois as partes têm direito de manifestar-se.

Se, a princípio, você não tiver ideia de quanto cobrar por hora, dirija-se à sua entidade de classe e lá encontrará parâmetros realistas para fazer sua proposta. Não se trata de achômetro, mas de razoabilidade, de uma correta distância entre valores mais baixos e mais altos. Mesmo que consiga apresentar uma proposta correta, prepare-se para receber impugnação dos honorários, um recurso que muitas vezes os réus usam até para protelar a conclusão do caso. Disponha-se a negociar, até mesmo a dar um desconto no valor inicial, caso lhe pareça adequado. O juiz também tem uma boa base de cálculo para analisar valores propostos, e em geral homologa os que lhe parecem corretos.

Como normalmente paga o perito quem pede a prova, que na maioria das vezes é o autor da ação, há advogados de réus que instruem seus clientes a não se manifestarem nesse sentido, a fim de evitar o depósito antecipado. No entanto, também é possível que o valor seja dividido ao meio, em partes iguais, pelo autor e pelo réu, quando ambos não forem hipossuficientes e as duas partes solicitarem provas.

No exemplo acima, o valor total é depositado em juízo. Como já informado, normalmente metade pode ser paga ao perito assim que este entregar o laudo, e o restante será recebido depois que responder aos quesitos suplementares. Ainda nesse sentido, e um grande avanço advindo com a mudança do Código de Processo Civil, em 2015, o juiz pode autorizar o adiantamento de até 50% dos honorários ao perito, quando houver, por exemplo, necessidades extras às usuais, como viagem com estada para chegar à área a periciar.

Art. 465. *O juiz nomeará perito especializado no objeto da perícia e fixará de imediato o prazo para a entrega do laudo [...]*

[...] § 4º O juiz poderá autorizar o pagamento de até cinquenta por cento dos honorários arbitrados a favor do perito no início dos trabalhos, devendo o remanescente ser pago apenas ao final, depois de entregue o laudo e prestados todos os esclarecimentos necessários.

De qualquer forma, ainda existe a possibilidade de receber apenas na conclusão, caso em que, se os honorários já estiverem depositados, haverá correção monetária, baseada no índice dos Tribunais.

Devemos entender que a perícia judicial é um trabalho que requer conhecimento, e alguns céticos poderiam simplesmente consultar o NCPC, do qual estou incluindo os artigos, e seguir diretamente ao artigo 473 para a elaboração dos laudos técnicos solicitados pelos juízes, algo que pode ser reduzido a quatro aspectos principais: exposição do objeto da perícia, análise técnica, indicação do método e conclusão com respostas aos quesitos das partes.

Art. 473. *O laudo pericial deverá conter:*
I – a exposição do objeto da perícia;
II – a análise técnica ou científica realizada pelo perito;
III – a indicação do método utilizado, esclarecendo-o e demonstrando ser predominantemente aceito pelos especialistas da área do conhecimento da qual se originou;
IV – resposta conclusiva a todos os quesitos apresentados pelo juiz, pelas partes e pelo órgão do Ministério Público.

Mas a grande verdade é que o procedimento fica muito vago, em especial para principiantes, pois, seja em que área for, para começar, a redação deve ser boa, clara e objetiva, bem como o embasamento técnico preciso.

O perito tem que explicar onde buscou os dados, abrindo suas fontes, de maneira que não restem dúvidas sobre como chegou ao resultado em sua conclusão, que é o último passo a cumprir.

Um dos aspectos mais delicados na elaboração de um laudo é evitar cascas de banana, muitas vezes presentes em questões apresentadas pelos advogados ou assistentes técnicos das partes, pois às vezes, em dezenas de perguntas, por exemplo, há duas ou três repetidas de forma diferente, e se o perito responder de outra forma, pode ser questionado.

Outro problema a evitar com extrema atenção é o uso de normas técnicas desatualizadas, daí a necessidade de consultar as últimas referências, até porque, em processos de longo prazo, é bem provável que haja mudanças.

Vale usar a terminologia apropriada, mas trocando em miúdos para que seja entendida por leigos.

Art. 473. *O laudo pericial deverá conter: [...]*

[...] § 1º No laudo, o perito deve apresentar sua fundamentação em linguagem simples e com coerência lógica, indicando como alcançou suas conclusões.

Nunca é demais lembrar que um parecer não deve ser confundido com opinião pessoal, deve restringir-se aos aspectos técnicos. Cabe ao perito, ainda, explicar muito bem caso tenha que usar jargões de suas áreas de origem.

> **Art. 473.** *O laudo pericial deverá conter: [...]*
>
> *[...] § 2º É vedado ao perito ultrapassar os limites de sua designação, bem como emitir opiniões pessoais que excedam o exame técnico ou científico do objeto da perícia.*

Finalmente, a conclusão deve ser muito clara e precisa, para que o juiz possa dar sua sentença com toda segurança. Esses cuidados, vale frisar, são básicos, mas devem merecer mais tempero, para que o profissional não permaneça na média e sim tenha muito destaque, a ponto de merecer várias e constantes nomeações. Aos poucos, com a prática, eu mesmo descobri que a excelência requer grandes aperfeiçoamentos.

Quanto melhor for seu desempenho, mais visibilidade terá e, sobretudo, contará com a admiração dos que são decisivos para ampliar seu leque de nomeações.

Trabalhar bem transforma o cotidiano em fonte de prazer.

CAPÍTULO 10

Seu sucesso só depende de você

"Sucesso é alcançar meu propósito de vida. Ser feliz e fiel ao que acredito e aos meus valores. Fazer o que gosto todos os dias. Acordar sempre com gostinho de quero mais e, por fim, e o mais importante, ajudar pessoas a melhorarem suas vidas!"

FERNANDO SARIAN

Sou muito positivo, apesar de manter duas certezas na vida: a primeira é a de que todos nós vamos morrer, sabemos muito bem; a segunda é de que quem está empregado um dia será demitido. Cada vez mais constatamos essa realidade no mercado formal de trabalho, pois o volume das demissões demonstra a quantidade de pessoas à deriva e sem perspectivas de contratação. Os números não costumam mentir, mesmo quando confrontados por aqueles que desconfiam de sua veracidade: a afirmação (e contagem) do insuspeito Instituto Brasileiro de Geografia e Estatística (IBGE) é de que, em setembro de 2021, 13,5 milhões de brasileiros estavam desempregados. Não havia nenhuma perspectiva de melhora substancial nesse quadro, e a previsão permanece sem reparos, ajustada também aos efeitos da pandemia, que levou muitas empresas a reduzirem bastante seus próprios espaços e vagas ao trabalharem virtualmente.

Em 2014, entrei para esse grupo em que a incerteza é a única certeza, com o perdão do jogo de palavras. Para falar a verdade, não fui pego de surpresa, apesar de naquele momento estar à espera de uma promoção, não do desligamento depois de uma década de dedicação. Por que não fui pego de surpresa? Exatamente porque sempre contei com essa perspectiva, mesmo que jamais tenha me tirado o sono, justamente porque reveses fazem parte da vida e nem devem ser considerados definitivos, a depender de como os encaramos. Não nasci para ser vítima e sim protagonista da minha história, então nem sequer acumulei mágoas quando tive que me confrontar com esse tipo de problema. Ao contrário, mesmo ao ser desligado da construtora senti gratidão por anos e anos de trabalho gratificante.

Armazenar tristezas, sentindo-nos alvo de injustiça, em nada contribui para a nossa trajetória, que deve ser feita de superações, não de longas paradas para chorar sobre o leite derramado. Considero esse tipo de acontecimento, uma demissão, como oportunidade de mudança, capaz de mexer com meus melhores sentimentos, para me conduzir a um patamar mais avançado. Mal comparando, talvez corresponda, para mim, a uma instigante e natural carga de adrenalina, colocando todos os sentidos em alerta para o que de melhor nos aguarda. Antes que você conclua que sou como Poliana, personagem que só via maravilhas em cada vivência, mesmo as mais difíceis, devo lembrar que sou bem realista, não vivo de ilusões nem me inclino ao mergulho nas quimeras de alheamento.

Trato de encarar cada momento do jeito que se apresenta, até mesmo se o que me pede é um breve período de reflexão. Já disse que tive as únicas duas horas de depressão na vida e a elas me entreguei antes de fazer o próximo movimento, ao amanhecer do dia seguinte, porque os breves lapsos funcionam como um tipo de luto, necessários, mas não infinitos. Servem não apenas para que a gente se conscientize de uma nova realidade, mas também como uma permissão que damos à tristeza ocasional, para que se acomode e seja superada, porque negá-la não ajuda. Sempre tive capacidade para fazer essa pausa, que me deixa em condições de iniciar os próximos passos, relegando ao passado o que é do passado, sem ficar desenterrando os descartes a cada novo revés.

Imagino que se tivesse me entregado ao vitimismo ainda estaria parado em um estágio terminal, que tinha tudo para ser concluído de forma equivocada e sem condições de superação. Nem perco tempo analisando o que se passa com quem se deixa paralisar, escondendo-se atrás de queixas, porque não levam a nada positivo, senão ao completo desânimo. É justo quando os sentimentos estão mais aflorados que devemos abrir mais os olhos, sensíveis ao que pode nos levar à frente. É uma prontidão necessária para nos conduzir às viradas positivas.

Muitas vezes estamos diante do que muita gente chama de "acaso", e eu, de presença divina, o dedo de Deus. Senão, como teria percebido o que passou rapidamente diante de mim naquele encontro de família às vésperas do Natal, logo depois da demissão? Todos os meus parentes sabiam o que havia acontecido e não tocavam no assunto, quem sabe na gentileza de evitar ruminâncias negativas. Eu nem cogitei cancelar a viagem, alegando a necessidade de evitar investimentos naquela situação, até porque havia recebido tudo o que tinha direito e até mais do que faria parte do pacote de despedida, quando parece que foi cortado o cordão umbilical que me prendia à empresa.

Foi muito difícil, devo admitir: um segundo depois do aviso, soube que não teria mais acesso ao computador que usava; foi vetado meu ingresso nas salas dos diretores, que eu frequentava assiduamente; me foi requisitado de volta o crachá, de maneira a impedir-me de ultrapassar o saguão de entrada. Penso que o mais complicado mesmo era abrir mão, compulsoriamente, do convívio com quem eu sempre me relacionava no espaço corporativo, onde adquiri muito conhecimento.

Além dos direitos garantidos, recebi três meses de consultoria em uma das maiores empresas mundiais de *outplacement*, que em bom português significa reinserção profissional, para fazer a transição de carreira, respirar, conversar com quem entende do desafio. Trocando em miúdos, é uma espécie de berçário para que o cliente entenda como é o mundo fora do confinamento voluntário em uma só corporação e conseguir novas colocações.

Então, com uma poupança considerável garantida e assessoramento para enfrentar o que viria, lá fui eu para o encontro de família, em um lugar que parecia sob medida para relaxar. Fora a alegria de reencontrar parentes que via raramente, tive um instante desses iluminados. Certo dia, passou por mim um homem desconhecido levando um grande aviso tatuado nas costas, uma brincadeira bem agradável que muita gente fazia. Pois o "bilhete" improvisado, era sucinto, embora de grande relevância: "TUDO PASSA". Estou certo de que se estivesse entregue à comiseração eu nem teria prestado atenção ao detalhe ou talvez o internalizasse com um sentido derrotista, mas eu senti aquelas duas palavrinhas como um recado poderoso à superação. De fato, nesta vida, tudo passa, em especial os acontecimentos difíceis, caso não os consideremos definitivos. Nada me parece mais ilustrativo dessa verdade do que observar o que se passa em uma cidade que se recupera de uma enchente, por exemplo. Aos poucos, o que estava imerso reaparece de outra forma, sob o sol, como um convite a arregaçar as mangas para recriar a realidade.

Aquele "tudo passa" reverberou em mim como uma mensagem direta para construir um novo e próspero futuro, mesmo sem saber que dali a poucos meses eu receberia aquela grande e inesperada quantia como perito judicial na conclusão de um longo processo. Tudo concorreu para que me voltasse à nova perspectiva, que também havia aparecido quando eu vivia uma completa adversidade, ao enfrentar a falência de minha empresa no passado. A serventuária que me abriu esse caminho podia não ter dito nada ou eu mesmo talvez não me dispusesse a desvendá-lo, caso estivesse entregue ao pessimismo, de maneira a permanecer paralisado e queixoso. E, relembro, antes eu nunca tinha ouvido falar em perícia judicial, portanto poderia simplesmente ignorar a sugestão, mergulhado na burocracia cansativa dos trâmites para salvar minha empresa da falência, algo de fato imprescindível para seguir adiante sem pendências.

Anos depois da decisão de me iniciar nos caminhos da perícia judicial, veio a ligação do dr. Manuel, com quem eu atuava em vários processos desde 2002, para pedir o número de minha conta bancária em que seriam depositados aqueles mais que bem-vindos R$ 212 mil, um valor que veio do céu, mas com minha própria ajuda. Eu até já havia recebido outros honorários relevantes, de R$ 30 mil ou R$ 60 mil, porém aquela bolada foi uma surpresa gratíssima e salvou meu ano de 2015. Se não bastasse a informação básica, soube também que haveria correção no crédito inicial, então de fato recebi R$ 219 mil. Na hora, percebi que se trabalhasse direito na nova seara poderia contar com bastante recurso extra, mas mesmo assim ainda continuei procurando emprego no mercado formal, um caminho a que estava bem acostumado, pois nem sempre a gente percebe que deve seguir, corajosamente, por outras e desconhecidas trilhas.

Em três diferentes momentos da vida, a perícia judicial bateu na minha cara: em 2002, quando fui apresentado ao trabalho; em 2015, ao receber aquele honorário gigante; e em 2018, quando aceitei o inusitado desafio proposto por um juiz para quem eu já havia trabalhado muitas vezes. Ele me nomeou para 20 processos, desde que aceitasse, o que de fato fiz, entregar os laudos um mês depois, pois estavam parados havia muito tempo, porque alguém desistira de finalizá-los. No momento em que respondi positivamente, meu cérebro fez as sinapses inevitáveis: estava aberta a oportunidade para transformar o que era uma atividade constante em plano de carreira. Se houvesse, ainda, algum mistério, havia sido revelado: era um recado claríssimo de Deus, reforçado em seguida pelo fato de eu ter conseguido cumprir a promessa no prazo combinado.

Não posso afirmar que foi fácil, mas sim gratificante, além de um grande aprendizado, que me proporcionou a chance de aprimorar bastante a prática, atento a uma série de detalhes que fazem toda a diferença. Ninguém se iludia ao negar as benesses do verbo agir quando assumido com competência, o que só é possível quando não se fica paralisado.

Recentemente, escrevi uma carta para mim mesmo lá no passado, quando estava diante de um novo e desconhecido caminho, sem as vivências que fui acumulando, e que demonstra bem quem era o Fernando em 2002 e quem sou em 2022. É uma reflexão que, embora muito íntima, divido agora, porque acho que pode ajudar muita gente a repensar sua própria vida e carreira. Entre as mensagens que enviei a mim mesmo está uma admissão relevante:

"Sei que aí em 2002 não tem sido nada fácil. Ver o sonho ruir, com uma empresa em dificuldades, em estágio falimentar, é um grande desafio. Talvez você esteja, em algum momento, cogitando desistir e pensando que vai ter que se conformar com uma rotina de trabalho maluca, que prende você de segunda a sábado, das oito às dezoito horas."

Quando releio, revisito as sensações vividas naquela época, agora apenas com um leve sabor de passado, no conforto de um cotidiano inteiramente definido por mim, a salvo de chefes nem sempre merecedores de seus cargos, como sabe muito bem quem se aferra ao mercado formal de trabalho. E comento, para reavivar minha própria memória:

"Eu sei, também, que no momento você não está conseguindo ver uma porta de saída para tudo isso que não seja assumir ao menos dois ou três empregos para minimamente pagar sua dívida e retomar o caminho de liberdade. Logo você, que passou anos em duas faculdades e acreditou que o único caminho que tinha era abrir seu próprio negócio. Ver tudo desabar é terrível, não é mesmo?"

À primeira questão seguiram-se outras, aprofundando muito as perspectivas nada positivas.

"No fundo de seu coração talvez existam mais dúvidas do que certezas. Será que eu vou trazer sossego para minha família? Será que vai ser sempre assim, sair de casa com meu filho ainda na cama e voltar quando ele já está dormindo? Será que um dia finalmente vou ter tempo para estar com as pessoas que amo, sem ser aos domingos? Quando eu vou conseguir viajar para lugares legais com a minha família? Será que escolhi a profissão certa?"

    Quantas perguntas a gente faz ao longo da vida, quando ainda não tem clareza sobre o que fazer! Levei anos confrontando as que declinei na carta para mim mesmo, naquela época, sem respostas efetivas, aos poucos encontradas graças à disposição de ir à luta. É interessante observar que, mesmo ao vislumbrar o caminho certo, foi só ao percorrer a longa caminhada que cheguei ao ponto mais relevante das reflexões. Sim, porque há os estágios a que já me referi, e a cada um deles corresponde um período de mergulho para chegar ao próximo. Então, quando desenhei e coloquei no ar o que a princípio foi a Academia Fernando Sarian, depois renomeada como Academia do Perito, primeiro enfrentei o desafio de me tornar professor, mesmo sem formação prévia. Segui à risca aquela recomendação do britânico Richard Branson, do Grupo Virgin, e que vale recordar aqui, até para que jamais seja esquecida: "Se alguém oferecer uma oportunidade incrível, mas você não tem certeza de que consegue fazer, diga sim — e depois aprenda como fazer".

    Siga sem receio, mesmo que não lhe pareça, como Branson define, uma oportunidade "incrível", pois sem o adjetivo o movimento já é indicado. Como eu teria seguido adiante se me detivesse no primeiro senão, paralisado pelo medo de me expor nas aulas que nem sabia ainda como preparar? Aliás, não há teoria que se concretize sem um voo cego, neste caso, estar diante de uma classe, mesmo virtual, pela primeira vez. O que hoje me parece tão natural como acordar pela manhã cheio de energia, lá no começo de minha empreitada didática foi, inicialmente, uma grande incógnita. Está certo que não demorei a adquirir autoconfiança ao notar o interesse dos alunos pelo que eu tinha a dizer, algo que só fez aumentar com a própria prática, graças exatamente ao fato de conhecer os meandros da profissão em suas diferentes fases.

A Academia do Perito nasceu justamente com o propósito de evidenciar essas fases, demonstrando como agir é benéfico em si mesmo, porque pouco a pouco permite que a gente entenda cada vez mais do ofício escolhido e até colha eventuais louros pelas decisões tomadas. Quer saber de um, entre inúmeros recebidos? Aquela empresa de *outplacement* que cuidou de mim durante três meses após a demissão, em 2014, anos depois me chamou duas vezes para apresentar minhas palestras a profissionais em transição de carreira. E, por incrível que possa parecer, de 2019 a 2021, sem que eu fizesse nenhum movimento nesse sentido, recebi algumas propostas de emprego, todas gentilmente declinadas. Aliás, ao saber disso, um *head hunter* que conheço me disse com todas as letras: "Você está muito feliz com o que faz, não volte para o emprego formal: encontrou seu Cálice Sagrado!"

De fato, sei que estou onde devo estar, sem nenhuma dúvida. Inauguro cada semana com uma sensação profunda de tranquilidade e entusiasmo, porque acordo para cumprir uma agenda gratificante e que eu mesmo crio. É repleta? Sim, às vezes tenho que me multiplicar, da melhor forma, para dar conta de tudo, e não é fácil. Por exemplo, dividir-me em diferentes plataformas *online*, como faço, cada uma com sua linguagem particular e seus seguidores, com quem dialogo direto e sem cortes. A grande diferença em relação a agendas a enfrentar no mercado de trabalho formal é que a definição de meu dia a dia só depende de mim, sem ter que me explicar a ninguém, ao mesmo tempo que garanto espaços diários, imprescindíveis para a vida em família, entre os jantares e o lazer noturno, sempre gratificantes.

Não por acaso, digo na carta a mim mesmo, do passado, que fique em paz com as perguntas que surgirem na mente; mesmo sabendo que "as coisas não serão fáceis", admito isso sem rodeios e prossigo. "Você vai ter que aprender a trilhar o caminho, mas tudo vai dar certo. Quando você chegar aonde estou hoje, vai perceber que tudo valeu a pena e não vai querer perder nenhum segundo dessa trilha. E para que não se aventure em veredas equivocadas, aviso: Fernando, agarre as oportunidades que vão aparecer na sua frente. A vida não é feita só delas, mas sim do que você faz com as que aparecem."

Parece tão óbvio, não é mesmo? Acontece que há um complicador sub-reptício, que muitas vezes a gente não identifica imediatamente, até porque se reveste de outras questões. E o que seria mesmo? Confira nos termos da carta, em que sou bem direto a respeito. "Quero dizer que não se preocupe com o medo. O medo de falhar mais uma vez vai sempre existir e será o seu maior parceiro. Portanto, quando ele aparecer, não fuja! Vá com medo mesmo. Agarre as oportunidades que surgirem na sua frente. Todas elas, cada vez mais, trarão você para perto de onde estou hoje." No fim das contas, a recomendação é no mesmo sentido daquela feita pelo empresário britânico, só que ainda existe outro fator capaz de impedir movimentos fora de sua zona de conforto.

"Esteja sempre pronto para a mudança, literalmente", sugiro a mim mesmo do ano de 2002. "O mundo de 2022 não será o mesmo de 2002. Muita coisa vai mudar. Estar pronto para se adaptar a tudo também vai trazer você mais rápido para perto de mim. Entenda que sua profissão pode ir muito além do que você imagina. Existem outras formas de você ter sucesso na sua carreira profissional, algo que você ainda não conhece, mas vai chegar a hora. Isso vai fazer você trilhar o caminho para chegar aonde estou hoje. Por fim, nunca pare de aprender! Infeliz é aquele a quem a arrogância dá a certeza de que já sabe tudo e não tem mais nada a aprender."

Aí está a receita completa para chegar ao Cálice Sagrado, em termos gerais, porque os detalhes estão disponíveis todo o tempo na Academia do Perito, que também teve de passar por fases até chegar ao formato atual, que tem tudo a ver com o fato de eu ter finalmente encontrado meu propósito, algo muito além de ganhar dinheiro simplesmente. Quando abri as perspectivas para o que já era uma iniciativa de sucesso se transformar em uma verdadeira missão de vida, deixar de me preocupar com o que entra no caixa transformou-se na melhor forma de fazer com que naturalmente os ganhos aumentassem. Não canso de agradecer a mim mesmo pela coragem de seguir o que aponta a mão de Deus, porque muitas vezes a indicação pode não ser tão clara ou, se for, pode encontrar um destinatário distraído, incapaz de ler o bilhete que me chamou tanto a atenção: "tudo passa".

De fato, a vida é uma sucessão de novidades e questões a superar, mesmo que o medo se apresente com sua estranha consequência paralisante se a ele dermos esse poder. Acredite, nós é que permitimos o que nos sucede, porque estamos no controle, lembra? Da mesma forma, podemos resvalar para a vitimização ou para o "levanta, sacode a poeira e dá a volta por cima", versos de Paulo Vanzolini, em uma canção consagrada na memória popular. Eu nem sei quantas vezes tive que enfrentar esse dilema, até chegar ao que realmente importa oferecer a quem nos procura: a possibilidade de transformar a própria vida, deixando a mesmice para trás. Como dizem os especialistas da Universidade Harvard: "a felicidade vem antes do sucesso", não depois. Abra sua mente e seu coração para comemorar a vida a cada amanhecer, é o que recomendo a mim mesmo e sigo a indicação com entusiasmo. Prepare-se para fazer esse mesmo tipo de viagem, rumo ao sucesso, por sua própria conta, contando comigo para jamais perder a esperança em suas próprias potencialidades. Descubra uma por uma e, sei, vai ficar surpreso com o que é capaz de criar, quando está diante de novos e instigantes desafios, fora da erroneamente chamada "zona de conforto".

Como somos a média das cinco pessoas que nos cercam, trate de evitar as medíocres, ou seja, as que insistem em permanecer na média, sem jamais se destacar. Você, como eu, veio ao mundo para vencer, acreditando na abundância que muitas vezes não fica tão aparente. A própria natureza nos ensina que em toda semente existe vida, quando devidamente cultivada com atenção. Plante cada uma de suas oportunidades no solo fértil de sua própria capacidade, mesmo que duvide. Repito: faça o que tem a fazer, mesmo sem experiência, algo que se adquire na prática. Aja como o paraquedista novato, quando a porta do avião se abre e ele tem que saltar pela primeira vez, exposto ao clima, à própria sorte.

Quando afirmo que o sucesso depende de você, essas não são palavras ao vento, mas o que aprendi com os passos dados, até mesmo no escuro. Tenha coragem de enfrentar o desconhecido para desvendá-lo em seu próprio benefício, considerando

TÁ NA SUA MÃO

tudo que pode encontrar a seu favor. Da mesmice você deve estar farto de saber: os dias sempre iguais, a tristeza ao levantar cada segunda-feira rumo a um emprego insatisfatório, para dizer o mínimo. Assuma as rédeas do que tanta gente chama de "destino" para ser o protagonista de sua vida, sem perder um minuto para assumir a responsabilidade que lhe cabe, uma grata responsabilidade, acredite! Saia, corajosamente, em busca de seu próprio Cálice Sagrado, que está à sua espera tão logo você se movimente na busca virtuosa, já resgatando sua felicidade. A sensação de ser o artesão de seu cotidiano é tão gratificante como a de se transformar em um ser imparável, como é todo perito judicial em plena e competente atividade. Agora, a recomendação que ofereci a mim mesmo, repito a você, na certeza de que está prestes a transformar sua vida para sempre:

Sorria, ame, cuide-se!

Amém.